BEI GRIN MACHT SIC
WISSEN BEZAHLT

- Wir veröffentlichen Ihre Hausarbeit,
  Bachelor- und Masterarbeit

- Ihr eigenes eBook und Buch -
  weltweit in allen wichtigen Shops

- Verdienen Sie an jedem Verkauf

Jetzt bei www.GRIN.com hochladen
und kostenlos publizieren

Bibliografische Information der Deutschen Nationalbibliothek:

Die Deutsche Bibliothek verzeichnet diese Publikation in der Deutschen National-
bibliografie; detaillierte bibliografische Daten sind im Internet über http://dnb.d-
nb.de/ abrufbar.

Impressum:

Copyright © 2016 GRIN Verlag, Open Publishing GmbH
Druck und Bindung: Books on Demand GmbH, Norderstedt Germany
ISBN: 9783668250413

Dieses Buch bei GRIN:

http://www.grin.com/de/e-book/334795/umsatzsteuerliche-organschaft-tochterper-
sonengesellschaften-als-organgesellschaften

Lara Marianne Görg

Umsatzsteuerliche Organschaft. Tochterpersonengesell-schaften als Organgesellschaften und Voraussetzungen der Organschaft

Das BFH-Urteil vom 02.12.2015 (V R 25/13 und V R 15/14)

GRIN Verlag

GRIN - Your knowledge has value

Der GRIN Verlag publiziert seit 1998 wissenschaftliche Arbeiten von Studenten, Hochschullehrern und anderen Akademikern als eBook und gedrucktes Buch. Die Verlagswebsite www.grin.com ist die ideale Plattform zur Veröffentlichung von Hausarbeiten, Abschlussarbeiten, wissenschaftlichen Aufsätzen, Dissertationen und Fachbüchern.

Besuchen Sie uns im Internet:

http://www.grin.com/

http://www.facebook.com/grincom

http://www.twitter.com/grin_com

Lara Marianne Görg

Köln, 07.04.2016

Seminar im Steuerrecht

Sommersemester 2016

„Umsatzsteuerliche Organschaft – Tochterpersonengesellschaften als Organgesellschaften und Voraussetzungen der Organschaft (BFH Urteil vom 02.12.2015 – V R 25/13 und V R 15/14)"

Inhaltsverzeichnis

Abkürzungsverzeichnis

a.A.	andere Ansicht
Abs.	Absatz
AEUV	Vertrag über die Arbeitsweise der Europäischen Union
AG	Aktiengesellschaft
AktG	Aktiengesetz
Allg.	Allgemein/e/r/s
Aufl.	Auflage
AT	Allgemeiner Teil
BB	Betriebs-Berater
Beih	Beihefter
Beschl.	Beschluss
BFH	Bundesfinanzhof
BGB	Bürgerliches Gesetzbuch
BGBl.	Bundesgesetzblatt
BStBl	Bundessteuerblatt
BVerfG	Bundesverfassungsgericht
BVerfGE	Entscheidungen des Bundesverfassungsgerichts
BVerwG	Bundesverwaltungsgericht
BT-Drucks.	Bundestag-Drucksache
Bzgl.	bezüglich
Bzw.	beziehungsweise
DB	Der Betrieb
Ders.	Derselbe
d.h.	das heißt
Dies.	Dieselbe
DK	Der Konzern

DStR	Deutsches Steuerrecht
EG	Europäische Gemeinschaft
EuGH	Europäischer Gerichtshof
EuGHE	Entscheidungen des EuGH
EUV	Vertrag über die Europäische Union
FG	Finanzgericht
GbR	Gesellschaft bürgerlichen Rechts
GmbH	Gesellschaft mit beschränkter Haftung
GmbHR	GmbH Rundschau
HGB	Handelsgesetzbuch
h.M.	herrschende Meinung
Hrsg.	Herausgeber
i.S.d.	im Sinne des/der
IStR	Internationales Steuerrecht
i.S.v.	im Sinne von
i.V.m.	in Verbindung mit
jPdöR	juristische Person des öffentlichen Rechts
KG	Kommanditgesellschaft
Lit.	Literatur
m.w.N.	mit weiteren Nachweisen
MwSt	Mehrwertsteuer
nn	nomen nominandum
DVO	Durchführungsverordnung
MwStR	MehrwertSteuerrecht
MwStSystRL	Mehrwertsteuersystemrichtlinie
OHG	Offene Handelsgesellschaft
RFH	Reichsfinanzhof

RFHE	Entscheidungen des Reichsfinanzhofs
RL	Richtlinie
Rn.	Randnummer
Rs.	Rechtssache
RStBl	Reichssteuerblatt
Rz.	Randziffer
S.	Seite/Satz
Slg.	Sammlung
sog.	sogenannte/r/s
Steuerrechtl.	Steuerrechtlich/e/r/s
SteuerStud	Steuer und Studium
StuW	Steuer und Wirtschaft
Unterabs.	Unterabsatz
UR	Umsatzsteuer-Rundschau
Urt.	Urteil
UStAE	Umsatzsteueranwendungserlass
UStB	Umsatzsteuerberater
UStG	Umsatzsteuergesetz
v.	vom
z.B.	zum Beispiel

Literaturverzeichnis

Behrens, Stefan/Schmitt, Rainer

Umsatzsteuer auf die Geschäftsführung und Übernahme der unbeschränkten Haftung durch die Komplementär-GmbH – Zugleich Besprechung des Schr. Des BMF v. 13.12.2002 – IV B 7 – 315/02, GmbHR 2003, 123, in: GmbH Rundschau 2003, S. 269-279.

Bethke, Inga

Praxisprobleme in der Umsatzsteuer – Teil 1 – Hinweise der Bundessteuerberaterkammer an den Gesetzgeber, in: Deutsches Steuerrecht 2014, S. 680-683.

Birkenfeld, Wolfram

Organschaft als Mehrwertsteuergruppe, in: Umsatzsteuer-Rundschau 2014, S. 120-128.

Ders.

Gedanken zur grenzüberschreitenden Organschaft, in: Umsatzsteuer-Rundschau 2010, S. 198-206.

Ders.

Umsatzsteuerliche Organschaft und Gemeinschaftsrecht – GmbH & Co KG als Organträger und als Organgesellschaft, in: Umsatzsteuer-Rundschau 2008, S. 2-9.

Ders.

Deutsches Umsatzsteuerrecht und Umsatzsteuerrecht der EG, in: Umsatzsteuer-Rundschau 1989, S. 329-339.

Boor, Julian

Die Gruppenbesteuerung im harmonisierten Mehrwertsteuerrecht – Analyse unter Berücksichtigung der unionsrechtlichen Vorgaben für das deutsche Organschaftsrecht, Dissertation Universität Bonn 2013, erschienen in: PwC-Studien zum Unternehmens- und Internationalen Steuerrecht, Band 3, Hrsg. Drüen, Klaus-Dieter/Gosch, Dietmar/Lüdicke, Jürgen/Schnitger, Arne, Wiesbaden 2014 Zitiert: Boor, Gruppenbesteuerung, S.

Brox, Hans/Walker, Wolf-Dietrich

Allgemeiner Teil des BGB, 34. Auflage, München 2010 Zitiert: Brox/Walker, BGB AT, Rn.

Bunjes, Johann/Geist, Reinhold

Umsatzsteuergesetz, Kommentar, 13. Aufl., München 2014, Zitiert: *Bearbeiter* in Bunjes, UStG, § Rn.

Dahm, Joachim/Hamacher, Rolfjosef

Umsatzsteuerliche Organschaft – Reform wider Willen,
in: Internationales Steuerrecht 2013, S. 820-827.

Eberhard, Martin/Mai, Jan Markus

Änderung der Rechtsprechung zur finanziellen Eingliederung bei der umsatzsteuerlichen Organschaft – Urteile des BFH vom 22.04.2010 (V R 9/09) und vom 10.06.2010 (V R 62/09), in: Umsatzsteuer Rundschau, S. 881-893.

Eggers, Joachim/Korf, Ralph

Holding, Umsatzsteuer und Organschaft – eine unendliche Geschichte? In: MehrwertSteuerrecht 2015, S. 710-719.

Erdbrügger, Andreas

Deutsche Regelungen über die Umsatzsteuer-Organschaft aufgrund neuer EuGH-Rechtsprechung unerwartet auf dem Prüfstand, in: Deutsches Steuerrecht 2013, S. 1573-1580.

Ermann

Bürgerliches Gesetzbuch, Handkommentar, Westermann, Harm Peter/Grunewald, Barbara/Maier-Reimer, Georg (Hrsg.), 13. Auflage, Köln 2011, Zitiert: *Bearbeiter* in Ermann, BGB, § Rn.

Forster, Eduard

Komplementär-GmbH als Organgesellschaft einer Kommanditgesellschaft? Die neue Anwendungspraxis und deren möglichen Folgen, in: Umsatzsteuerberater 2003, S. 115

Gehring, Frank

Vorsteuerabzug bei Holdings und Organträgern – Vorabentscheidungsverfahren des EuGH in den Rechtssachen Larentia + Minerva und Marenave, in: Umsatzsteuer Rundschau 2015, S. 409-419.

Grimm, Claus

Das Steuerrecht im Spannungsfeld zwischen wirtschaftlicher Betrachtungsweise und Zivilrecht, in: Deutsche Steuer-Zeitung 1978, S. 283-290.

Grube, Friederike

Umsatzsteuerliche Organschaft – neuere Entwicklungen infolge der Rechtsprechung des EuGH und des BFH, in: MehrwertSteuerrecht 2015, S. 202-209.

Grünwald, Ulrich

Durch gegenseitige Beziehungen eng miteinander verbunden – Konturen einer richtlinienkonformen umsatzsteuerlichen Gruppenbesteuerung, in: MehrwertSteuerrecht 2014, S. 226-231.

Ders.	Die jüngste Rechtsprechung des EuGH zur umsatzsteuerlichen Gruppenbesteuerung, in: Mehrwertsteuerrecht 2013, S. 328-333.
Grune, Jörg/Mönckedieck, Alexander	Umsatzsteuerliche Organschaft – Bedeutung und aktuelle Entwicklungstendenzen, in: Umsatzsteuer-Rundschau, S. 541-576.
Hahne, Klaus D.	Umsatzsteuerliche Organschaft mit Personengesellschaften europarechtlich geboten? Analyse der EuGH Rechtsprechung zur wettbewerbsneutralen Umsetzung von Mitgliedstaatenwahlrechten, in: Deutsches Steuerrecht 2008, S. 910-914.
Hartmann, Timo	Die umsatzsteuerliche Organschaft – Probleme und Tendenzen unter Berücksichtigung europarechtlicher Aspekte, in: Steuer und Studium 2011, S. 393-403.
Heidner, Hans-Hermann	Richtlinienkonforme Auslegung von Befreiungsvorschriften im Unsatzsteuerrecht – dargestellt anhand einiger ausgewählter Fälle aus der Rechtsprechung des EuGH, in: Umsatzsteuer-Rundschau 2006, S. 74-79.
Herlinghaus, Andreas	Bedeutung und Reichweite der richtlinienkonformen Auslegung nationalen Rechts, IFSt-Schrift Nr. 357, Bonn 1997, Zitiert: Herlinghaus, Bedeutung und Reichweite der richtlinienkonformen Auslegung nationalen Rechts, S.
Herrmann, Carl/Heuer, Gerhard/ Raupach, Arndt	Einkommensteuer- und Körperschaftssteuergesetz, Kommentar, Loseblatt, Stand: 272. Ergänzungslieferung, Januar 2016, Köln, Zitiert: *Bearbeiter* in Herrmann/Heuer/Raupach, EStG/KStG, § Rn.
Hubertus, Oliver/Fetzer, Marion	Umsatzsteuerliche Organschaft: Personengesellschaft kann Organgesellschaft sein, in: Deutsches Steuerrecht 2013, S. 1468-1471.
Hüttemann, Rainer	Gemeinnützigkeits- und Spendenrecht, 3. Aufl., Köln 2015, Zitiert: Hüttemann, Gemeinnützigkeits- und Spendenrecht, Rn.

Ders.	Organschaft, in: Schön, Wolfgang/Osterloh-Konrad, Christine, Kernfragen des Unternehmenssteuerrechts, MPI Studies on Intellectual Property, Competition and Tax Law, Volume 16, Heidelberg 2010 Zitiert: *Bearbeiter* in Schön/Osterloh-Konrad, S.
Ders.	Organschaft und Gemeinnützigkeit, in: Herzig, Norbert, Organschaft – laufende und aperiodische Besteuerung – nationale und internationale Aspekte, Hinweise zum EU-Recht, Stuttgart 2003, Zitiert: *Bearbeiter* in Herzig, Organschaft, S.
Ders.	Grundprinzipien des steuerlichen Gemeinnützigkeitsrechts, in: DJStG Band 26, Gemeinnützigkeit, Jachmann, Monika (Hrsg.), Köln 2003, S. 49-75.
Hummel, David	Anmerkung zum EuGH Urteil vom 16.07.2015 – Rs. C-108/14 und C-109/14 – Beteiligungsgesellschaft Larentia + Minerva mbH & Co. KG und Marenave Schiffahrts AG, in: Umsatzsteuer-Rundschau 2015, S. 671-681.
Ders.	Begriff der juristischen Person im Rahmen der umsatzsteuerrechtlichen Organschaftsregelungen aus verfassungsrechtlicher Sicht, in: Umsatzsteuer-Rundschau 2010, S. 207-2014.
Jorewitz, Gitta	Voller Vorsteuerabzug bei reinen Führungsholdings zu gewähren und Neuregelung der Organschaft erforderlich, in: Internationales Steuerrecht 2015, S. 721-727
Kirchhof, Paul	Steuerumgehung und Auslegungsmethode, in: Steuer und Wirtschaft 1983, S. 173-183.
Kirchner, Alexander/ *Torwegge, Christoph/Rüth, Henning*	Holding und Beteiligung – Die Organschaft im Steuer und Gesellschaftsrecht, 1. Auflage, Wiesbaden 2009, Zitiert: Bearbeiter in Holding und Beteiligung, § Rn.
Küffner, Thomas/Streit, Thomas	Einbeziehung eines Nichtsteuerpflichtigen in eine Organschaft – Zugleich Anmerkung zum Urteil des EuGH im Vertragsverletzungsverfahren Kommission/Irland, in: Umsatzsteuer Rundschau 2013, S. 401-406.

Lange, Hans-Friedrich

Rechtsmissbrauch im Mehrwertsteuerrecht – Anmerkung zum EuGH-Urteil vom 21.02.2006 Rs. C-255/02, Halifax, in: Der Betrieb 2006, S. 519-522.

Leonard, Axel

Taugt die Organschaft noch als Gestaltungsinstrument bei steuerfreien Umsätzen?, in: Deutsches Steuerrecht 2010, S. 721-725.

Meilicke, Wienand

Zur Bedeutung der richtlinienkonformen Auslegung für das deutsche Steuerrecht, in: Betriebs-Berater 1992, S. 969-975.

Müller, Thomas/Stöcker, Ernst

Die Organschaft, 8. Auflage, Herne 2011, Zitiert: Bearbeiter in Müller/Stöcker, Rn.

Münchener Kommentar

Bürgerliches Gesetzbuch, Kommentar, Band 5, Schuldrecht Besonderer Teil III, Säcker, Franz Jürgen/Rixecker, Roland (Hrsg), 5. Auflage, München 2009, Zitiert: *Bearbeiter* in MK, § Rn.

Neu, Norbert/Neumann, Ralf/ Neumayer, Jochen

GmbH-Handbuch, Steuerrecht, Bd. III, Köln, Loseblatt, Stand: 155. Ergänzungslieferung, Januar 2016, Zitiert: Bearbeiter in Neu/Neumann/Neumayer, GmbH-Handbuch, Rz.

Palandt, Otto

Bürgerliches Gesetzbuch: BGB, Beck`sche Kurzkommentare, 75. Auflage, München 2016, Zitiert: *Bearbeiter* in Palandt, BGB, § Rn.

Plückebaum, Konrad/Malitzky, Heinz/ Widmann, Werner

Umsatzsteuergesetz, Kommentar, Loseblatt, Stand: 199. Ergänzungslieferung, Juli 2013, Zitiert: *Bearbeiter* in Plückebaum/Malitzky/ Widmann, UStG, § Rn.

Probst, Ulrich

Zur unmittelbaren Wirkung von EG-Richtlinien, in: Umsatzsteuer-Rundschau 1990, S. 302-305.

Proells, Alexander

Bundesverfassungsgericht und überstaatliche Gerichtsbarkeit: Prozedurale und prozessuale Mechanismen zur Vermeidung und Lösung von Jurisdiktionskonflikten, JuS Publicum, Band 235, Tübingen, 2014. Zitiert: Proells, BVerfG und überstaatliche Gerichtsbarkeit, S.

Rau, Günter/Dürrwächter, Erich	Kommentar zum Umsatzsteuergesetz, Köln, Loseblatt, Stand: 165. Ergänzungslieferung, März 2016, Zitiert: *Bearbeiter* in Rau/Dürrwächter, UStG; § Rn.
Reiß, Wolfgang/Kraeusel, Jörg/ Langer, Michael	Umsatzsteuergesetz mit Nebenbestimmungen, Unionsrecht, Kommentar, Bonn, Loseblatt, Stand: 125. Ergänzungslieferung, Februar 2016, Zitiert: *Bearbeiter* in Reiß/Kraeusel/Langer, UStG, § Rn.
Riesenhuber, Carl	Europäische Methodenlehre – Handbuch für Ausbildung und Praxis, Berlin 2006, Zitiert: *Bearbeiter* in Europäische Methodenlehre, § Rn.
Rödder, Thomas/Herlinghaus, Andreas/ van Lishaut, Ingo	Umwandlungssteuergesetz, Kommentar, 2. Auflage, Köln 2013, Zitiert: Bearbeiter in Rödder/Herlinghaus/van Lishaut, § Rn.
Schäfer, Carsten	Gesellschaftsrecht, 4. Auflage, München 2015 Zitiert: Schäfer, Gesellschaftsrecht, § Rn.
Schenke, Ralf	Die Rechtsfindung im Steuerrecht – Konstitutionalisierung, Europäisierung, Methodengesetzgebung, Tübingen 2007, Zitiert: Schenke, Rechtsfindung im Steuerrecht, S.
Schirmer, Hans-Jürgen	Organschaft und Steuerrecht, 2016 zitiert: Schirmer, Organschaft und Steuerrecht, S.
Schütze, Alexandra/Winter, Matthias	Organisatorische Eingliederung in der umsatzsteuerlichen Organschaft, in: Umsatzsteuer Rundschau 2009, S. 397-407.
Slapio, Ursula	Umsatzsteuerliche Organschaft – auf zu neuen Ufern?, in: Umsatzsteuer Rundschau 2013, S. 407-412.
Dies.	Gestaltungsmöglichkeiten bei umsatzsteuerlicher Organschaft, in: Deutsches Steuerrecht 2000, S. 999-1001.
Sölch/Ringleb	Umsatzsteuergesetz, Kommentar, Wagner, Wilfried (Hrsg.), Loseblatt, Stand: 75. Ergänzungslieferung, September 2015, Zitiert: Bearbeiter in Sölch/Ringleb, UStG, § Rn.

Spiegel, Harald/Heidler, Kristin	Umsatzsteuerliche Organschaft bei juristischen Personen des öffentlichen Rechts – Zugleich Besprechung der Urteile des BFH vom 18.06.2009 (Tierpark) und vom 20.08.2009 (FlussG), in: Deutsches Steuerrecht 2010, S. 1062-1067.
Sterzinger, Christian	Notwendige Einbeziehung von Nichtsteuerpflichtigen in einen Organkreis, in: Umsatzsteuer-Rundschau 2014, S. 133-140.
Streit, Georg von/Duyfjes, Nico	„Eingliederungsvoraussetzungen" bei der umsatzsteuerlichen Organschaft – Vorlagepflicht der nationalen Gerichte?, in: Deutsches Steuerrecht 2014, S. 399-404.
Streit, Thomas/Rust, Michael	Die Entscheidung des EuGH in Sachen Larentia + Minverva – Rechtsfolgen für die deutsche umsatzsteuerliche Organschaft, in: Deutsches Steuerrecht 2015, S. 2097-2102.
Thietz-Bartram, Jochim	Die umsatzsteuerliche Organschaft auf europarechtlichem Prüfstand, in: Der Betrieb 2009, S. 1784-1788.
Tipke, Klaus	Die Steuerrechtsordnung, 2. Auflage, Köln 2000, Zitiert: Tipke, Die Steuerrechtsordnung, Bd. S.
Tipke, Klaus/Kruse, Heinrich Wilhelm	Kommentar zur Abgabenordnung und Finanzgerichtsgerichtsordnung, Loseblatt, Stand: 143. Ergänzungslieferung, Februar 2016, Köln, Zitiert: Bearbeiter in Tipke/Kruse, AO/FGO, § Rn.
Tipke, Klaus/Lang, Joachim	Steuerrecht, 21. Auflage, Köln 2013 Zitiert: Tipke/Lang-*Bearbeiter*, Steuerrecht, § Rn.
Vogel, Alfred/Schwarz, Bernhard	Umsatzsteuergesetz, Praxiskommentar, Loseblatt, Stand: 125. Ergänzungslieferung, 2007, Zitiert: *Bearbeiter* in Vogel/Schwarz, UStG, § Rn.
Wäger, Christoph	Umsatzsteuerliche Organschaft im Wandel, in: Der Betrieb 2014, S. 915-920
Wallenhorst, Axel Leonard	Taugt die Organschaft noch als Gestaltungsinstrument bei steuerfreien Umsätzen?, in: Deutsches Steuerrecht 2010, S. 721-725.

Walter, Wolfgang/Stümper, Franz-Peter   Überraschende Gefahren nach Beendigung einer Organschaft,
in: GmbH-Rundschau 2006, 68-74.

Widmann, Werner   Aktuelle umsatzsteuerliche Fragestellung: Organschaft – Vorsteueraufteilung – Reverse-Charge-Verfahren,
in: Deutsches Steuerrecht-Beihefter 2014, S. 109-116.

Ders.   Das Mehrwertsteuersystem ist kein Selbstbedienungsladen – Zu den Urteilen vom 21.02.2006 (BUPA, Halifax, University of Huddersfield),
in: Deutsches Steuerrecht 2006, S. 736-739.

Ders.   Neuere Entwicklungen bei der umsatzsteuerlichen Organschaft,
in: Der Konzern 2003, S. 331.

A. Steuerrechtliche Bedeutung und Entwicklung der Organschaft i.S.v. § 2 Abs. 2 Nr. 2 UStG

Das primäre Steuersubjekt der Umsatzsteuer ist gem. § 2 UStG bzw. Art. 9-13 MwStSystRL der Unternehmer. § 2 Abs. 1 Sätze 1 und 3 UStG konkretisiert den Unternehmerbegriff nach Art eines Typusbegriffs, indem Unternehmer ist, wer eine gewerbliche oder berufliche Tätigkeit selbständig ausübt. Gewerblich oder beruflich ist dabei jede nachhaltige Tätigkeit zur Erzielung von Einnahmen, auch wenn die Absicht, Gewinn zu erzielen, fehlt oder eine Personenvereinigung nur gegenüber ihren Mitgliedern tätig wird.

Die Organschaft ist durch die umfassende Eingliederung einer zivilrechtlich selbständigen juristischen Person gem. § 2 Abs. 2 Nr. 2 Satz 1 UStG, der sog. Organgesellschaft, in das Unternehmen eines Organträgers gekennzeichnet. Eine Organschaft ist somit eine Zusammenfassung von herrschendem Organträger und abhängiger Organgesellschaft.[1]

Die Organschaft geht ursprünglich auf die Rechtsprechung des Preußischen Oberverwaltungsgerichts zur Gewerbesteuer im Jahre 1902 zurück und wurde 1934 erstmals im Umsatzsteuerrecht neben dem Unternehmerbegriff kodifiziert.[2] Im alten System der kumulativen Allphasen-Brutto-Umsatzsteuer[3] wurde die Umsatzsteuer bei einstufigen Unternehmen auf jeder einzelnen Stufe vom Entgelt erhoben und war ein großer Kostenfaktor. Durch Bildung einer Organschaft ergab sich gegenüber Ketten von einstufigen Unternehmen der Vorteil, dass alle innerhalb eines Organkreises durchlaufenden Prozesse umsatzsteuerlich nicht erfasst wurden und erst beim Verlassen des Organkreises eine Steuer anfiel.

Die Organschaft diente somit dazu, Kaskadeneffekte kumulierender Umsatzsteuerbelastungen innerhalb der Produktions- und Vertriebskette zivilrechtlich selbständiger Konzerngesellschaften zu vermeiden.[4] Die Organschaft ermöglicht es, rechtlich selbständige Konzerngesellschaften umsatzsteuerlich als ein einziges Unternehmen zu behandeln. Dabei erfolgt eine Zurechnung der Umsätze der Organgesellschaft an den Organträger, sodass Umsätze zwischen Organgesellschaft und Organträger nicht steuerbare Innenumsätze sind.[5]

---

[1] *Englisch* in Tipke/Lang, Steuerrecht, § 17 Rn. 61; Grune/Mönckedieck, UR 2012, 541; auch: Wallenhorst, DStR 2010, 721 (722).
[2] RFH, Urt. v. 26.9.1927, V A 417/27, RFHE 22, 69; v. 11.11.1932, V A 948/31, RStBl 1933, 295; Grünwald, MwStR 2014, 226; *Hüttemann* in Schön/Osterloh-Konrad, S. 130.
[3] In Kraft bis 31.12.1967.
[4] Grünwald, MwStR 2014, 226; Grune/Mönckedieck, UR 2012, 541 (544); Tipke/Lang-*Englisch*, Steuerrecht, § 17 Rn. 2 f; Radeisen in Vogel/Schwarz, UStG, § 2 Rn. 99f.; Wallenhorst, DStR 2010, 721.
[5] *Neumayer* in Neu/Neumann/Neumayer, GmbH-Handbuch, Rz. III 5984.

Der Vorteil der Organschaft wuchs im damaligen Recht mit der Anzahl der verbundenen Unternehmensstufen.[6]

Mit Einführung einer Allphasen-Netto-Umsatzsteuer mit Vorsteuerabzug[7] und der europäischen Harmonisierung hat die Organschaft an Bedeutung verloren, jedoch ist sie nicht überflüssig geworden. Der Gesetzgeber hat sie mit der Begründung der Verwaltungsvereinfachung übernommen.[8] Mit dieser Intention fand sie ihre Einführung als Option für die Mitgliedstaaten 1967 zunächst in die zweite, 1977 in die sechste Mehrwertsteuerrichtlinie und schließlich 2006 als Art. 11 in die Mehrwertsteuersystemrichtlinie.[9] Mit dem wachsenden Steuersatz wird sie auch ein beliebtes Instrument zur Steuergestaltung bei bestimmten steuerlichen Strukturen. Insbesondere kommt sie Unternehmensgruppen zugute, die arbeitsintensive Dienstleistungen beanspruchen und gem. § 15 Abs. 2 Nr. 1 i.V.m. § 4 UStG regelmäßig nicht zum Vorsteuerabzug berechtigt sind, wie z.B. im Bank-, Versicherungs-, Krankenhaus- oder Pflegebereich. So ist es durch eine Verlagerung dieser Dienste in eine umsatzsteuerliche Organschaft möglich untereinander Leistungen auszutauschen, die nicht umsatzsteuerpflichtig sind und damit nicht zu Vorsteuerbeträgen führen, die aufgrund des fehlenden Rechts auf Vorsteuerabzug nicht abziehbar wären.[10]

Organträger kann jeder Unternehmer i.S.d. § 2 Abs. 1 UStG sein, unabhängig von einer bestimmter Rechtsform. Problematisch ist hingegen die Qualifikation einer Organgesellschaft. So kommen gem. § 2 Abs. 2 Nr. 2 Satz 1 UStG und Abschnitt 2.8 Abs. 2 Satz 1 UStAE nur juristische Personen in Betracht, die darüber hinaus finanziell, wirtschaftlich und organisatorisch in das Unternehmen des Organträgers eingegliedert sind.

---

[6] Vgl. BFH, Urt. v. 25.6.1998, V R 76/97; Schirmer, Organschaft und Steuerrecht, S. 177; Wallenhorst, DStR, 2010, 721 (722).
[7] Einführung des Mehrwertsteuersystems zum 01.01.1968.
[8] BT-Drucks V/48 § 2; BT-Drucks IV/1590, Begr. zu § 2; UStG 1934, RStBl 1934, 1549 ff.; Zweck vgl. *Stadie* in Rau/Dürrwächter, UStG, § 2 Rn. 784; vgl. EuGH, Urt. v. 16.7.2015, C-108/14 und C-109./14, Rn. 41; Birkenfeld, UR 2008, 2; a.A. Reiß in Reiß/Kraeusel/Langer, UStG, § 2 Rn. 98.3.
[9] Boor, Gruppenbesteuerung, S. 9; Grünwald, MwStR 2014, 226; vgl. *Stadie* in Rau/Dürrwächter/Wäger, UStG, § 2 Rn. 788ff.; Mitteilung der EU-Kommission vom 02.07.2009-KOM 2009, 325; im Folgenden wird aus Gründen der Übersicht und der Wortgleichheit zu Art. 4 Abs. 4 Unterabs. 2 der Richtlinie 77/388/EWG stets auf Art. 11 MwStSystRL verwiesen.
[10] Grune/Mönckedieck, UR 2012, 541 (546f.); *Neumayer* in Neu/Neumann/Neumayer, GmbH-Handbuch, Rz. III 5982; Wallenhorst, DStR 2010, 721; weiterführend: Slapio, DStR 2000, 999 (1000); *Rüth* in Holding und Beteiligung, § 3 Rn. 82ff.

In seiner jüngsten Rechtsprechung hat sich der EuGH zu der Auslegung der Organschaftsregelungen der Mitgliedstaaten, die auf einer EU-Vorschrift, der MwStSystRL, basieren, geäußert.[11]

Art. 11 MwStSystRL räumt als Kannbestimmung den Mitgliedstaaten ein Wahlrecht ein, in ihrem nationalen Recht eine sog. Mehrwertsteuer-Gruppe einzuführen. Auf diesem Wahlrecht basierend wurde bisher ein weiter Spielraum bei der Ausgestaltung der nationalen Regelungen angenommen. Dies betrifft vor allem die im nationalen Gesetz vorgesehene Beschränkung der Organschaft auf juristische Personen[12] sowie das Erfordernis eines Über- und Unterverhältnisses.

Die Mitgliedstaaten haben zwar die Wahlfreiheit, eine Umsatzsteuer-Organschaft in ihrem nationalen Recht vorzusehen, jedoch müssen bei deren Einführung die Regelungen der unionsrechtlichen Vorgabe entsprechen. Der nationale Gesetzgeber darf keine restriktiveren Regelungen vorsehen als der Wortlaut des Art. 11 Abs. 1 MwStSystRL, es sei denn, dies ist gem. Art. 11 Abs. 2 MwStSystRL zur Bekämpfung von Missbräuchen geboten.[13] So wären entgegen der bisherigen Rechtsprechung nicht nur Kapitalgesellschaften, sondern auch Personengesellschaften als Organgesellschaften zu qualifizieren.

Des Weiteren ist fraglich, ob die Eingliederungsvoraussetzungen der umsatzsteuerlichen Organschaft weiterhin unverändert Bestand haben. Bisher wurde für die finanzielle Eingliederung eine Anteilsmehrheit des Organträgers an der Organgesellschaft verlangt, folglich ein Über- und Unterordnungsverhältnis. Eine Organschaft zwischen Schwestergesellschaften scheidet damit aus. Jedoch fordert weder die nationale Norm noch die MwStSystRL eine solche enge Auslegung der finanziellen Eingliederung.

Als autonome Regelung des Unionsrechts unterliegt Art. 11 MwStSystRL dem Auslegungsmonopol des EuGH, der bei seiner Auslegung nicht an die Entstehungsgeschichte und folglich auch nicht an das deutsche Verständnis der Organschaft gebunden ist.[14] Die seit Jahren gefestigten deutschen Organschaftsregelungen stehen damit unerwartet auf dem Prüfstand. Da sich anhand der Organschaft die Person des Steuerschuldners gem. § 13a UStG sowie die Verpflichtung zur Abgabe von Steuererklärungen gem. § 18 UStG bestimmt und daher eine rechtssichere Ausgestaltung der Organschaftsvoraussetzungen gegeben sein muss,

---

[11] EuGH, Urt. v. 16.7.2015, C-108/14 und C- 109/14; v. 9.4.2013, C-85/11.
[12] FG München, 3 K 235/10; *Englisch* in Tipke/Lang, Steuerrecht, § 17 Rn. 62.
[13] Erdbrügger, DStR 2013, 1573 (1579).
[14] Grünwald, MwStR 2014, 226 (227).

3

um rechtliche Irrtümer und damit verbundene Steuerumgehungen zu verhindern[15], hat sich der V. Senat des BFH mit diesen Fragen in seinen Urteilen vom 02. Dezember 2015 beschäftigt.

B. Bisherige Rechtslage

Unternehmer als Steuersubjekt des deutschen Umsatzsteuerrechts ist, wer eine gewerbliche oder berufliche Tätigkeit selbständig ausübt, § 2 Abs. 1 UStG. Während das Vorliegen einer Selbständigkeit einer natürlichen Person im Einzelfall oft zweifelhaft ist, ist diese bei juristischen Personen grundsätzlich anzunehmen.[16] Durchbrochen wird dies durch die Ausnahmeregelung der Organschaft. Dabei stehen sich das Zivilrecht und das Umsatzsteuerrecht gegenüber, indem eine zivilrechtlich selbständige Gesellschaft umsatzsteuerlich als unselbständig behandelt wird.

So wird gem. § 2 Abs. 2 Nr. 2 Satz 1 UStG eine gewerbliche oder berufliche Tätigkeit nicht selbständig ausgeübt, wenn die juristische Person nach dem Gesamtbild der tatsächlichen Verhältnisse finanziell, wirtschaftlich und organisatorisch in das Unternehmen des Organträgers eingegliedert ist. Ein Wahlrecht besteht nicht. Sind die Voraussetzungen erfüllt, tritt die Rechtsfolge für die jeweils im Inland gelegenen Unternehmensteile ipso iure ein.[17]

Die Organschaft bewirkt gem. § 2 Abs. 2 Nr. 2 Satz 1 UStG die Beurteilung der Umsätze zwischen den im Inland gelegenen Unternehmensteilen als Innenleistungen, die aufgrund der fehlenden Unternehmereigenschaft der inländischen Organgesellschaften nicht steuerbar sind.[18] Im Außenverhältnis bleibt die Organgesellschaft als Unternehmen und damit als Leistungsempfänger und leistendes Unternehmen bzw. Rechnungsaussteller und Rechnungsempfänger bestehen. Steuerschuldner und Vorsteuerabzugsberechtigter ist ausschließlich der Organträger.[19] In den Fällen des § 13b UStG (Reverse Charge) geht damit – trotz der einzelnen Gesellschaft als zivilrechtlichen Leistungsempfänger – die Steuerschuldnerschaft auf den Organträger über.

Die Idee der Organschaft beruht auf dem Versuch, den Erfordernissen der wirtschaftlichen Einheit rechtsformübergreifend Rechnung zu tragen. Im Grundsatz soll sie zur steuerlichen

---

[15] Zur rechtssicheren Ausgestaltung vgl. EuGH, 09.7.2015, C-144/14; BFH, Urt. v. 22.4.2010, V R 9/09, BFHE 229, 433, BStBl II 2011, 597, unter II.3.b bb; zu Irrtümer vgl. EuGH, Urt. v. 16.7.2015, C-108/14 und C-109./14, Rn. 41.

[16] BFH, Urt. v. 6.6.2002, V R 43/01, BFHE 199, 49, BStBl. II 2003, 36; Grune/Mönckedieck, UR 2012, 541.

[17] *Englisch* in Tipke/Lang, Steuerrecht, § 17 Rn. 64 ff.

[18] Birkenfeld, UR 2008, 2 (2f.)

[19] Korn in Bunjes, § 2 Rn. 138; Stadie in Rau/Dürrwächter, UStG, § 2 Rn. 950, 960; Stöcker in Müller/Stöcker, Die Organschaft, Rn. 1463, 1507f., 1512f.;

Neutralität in Hinsicht auf die Konzernstruktur im Vergleich zu Einzelunternehmen sicherstellen.[20] Die Einführung dieses international als Gruppenbesteuerung bezeichnetes Rechtsinstituts wurde den Mitgliedstaaten in Art. 11 MwStSystRL freigestellt. Deutschland ist bisher von einer unionsrechtskonformen Auslegung ausgegangen.

I. Organgesellschaft

Als Organgesellschaften kommen nach dem Wortlaut des § 2 Abs. 2 Nr. 2 Satz 1 UStG lediglich juristische Personen des privaten Rechts in Betracht.[21] Maßgeblich zur Begriffsbestimmung der juristischen Person ist mangels eigenständiger steuerrechtlicher Definition das deutsche Zivil- und Gesellschaftsrecht. Juristische Personen sind demnach Körperschaften mit eigener Rechtspersönlichkeit, wie die GmbH oder die Aktiengesellschaft, die nach ihrer Entstehung unabhängig von dem Bestand mehrerer gemeinsam agierender natürlicher Personen sind.[22] Auch eine Vorgesellschaft wird zwischen Abschluss des materiellen Gesellschaftsvertrags und Eintragung in das Handelsregister als juristische Person angesehen.[23] Keine Organgesellschaften können juristische Personen des öffentlichen Rechts sein. Eine Fremdbestimmung durch Dritte ist mit ihrer hoheitlichen Funktion und Tätigkeit unvereinbar. Darüber hinaus ist ein Anteilserwerb an einer juristischen Person des öffentlichen Rechts gesetzlich nicht vorgesehen.[24]

II. Organträger

Anhand der Organschaft wird die Person des Steuerschuldners bestimmt, nämlich der Organträger. Als Organträger kommt jeder Unternehmer i.S.d. § 2 Abs. 1 UStG unabhängig von einer bestimmten Rechtsform in Betracht, mithin natürliche Personen, juristische Personen, Personengesellschaften sowie -gemeinschaften und Holdinggesellschaften,[25] wenn sie eigene wirtschaftliche Tätigkeiten gegen Entgelt ausüben. Ausreichend ist, dass er die Unternehmereigenschaft durch die Begründung einer Organschaft erlangt. Nicht ausreichend zur Annahme einer Unternehmereigenschaft ist eine bloße Beteiligung, eine unentgeltliche Tätigkeit oder eine ausschließliche Tätigkeit der mit ihm verbundenen Gesellschaften. Sein

---

[20] *Montag* in Tipke/Lang, Steuerrecht, § 14 Rn. 1.
[21] Vgl auch *Widmann* in Herzig, Organschaft, S. 340.
[22] Vgl BVerfG, Beschl v 27.12.1991, 2 BvR 72/90, BStBl. II 1992, 212, unter 1.a cc); Brox/Walker, BGB AT, Rn. 729 ff; Hummel, UR 2010, 207 (208); vgl. Schäfer, Gesellschaftsrecht, § 31 Rn.3, § 38 Rn. 2.
[23] BFH, Urt v 09.03.1978, V R 90/74, BStBl. II 1978, 486; *Widmann* in Herzig, Organschaft, S. 341.
[24] Hartmann, SteuerStud 2011, 393 (396); Reiß in Reiß/Kraeusel/Langer, UStG, § 2 Rz. 106.2 f.; zu jPdöR vgl. Spiegel/Heidler DStR 2010, 1062.
[25] *Korn* in Bunjes, UStG, § 2 Rn. 110; *Reiß* in Reiß/Kraeusel/Langer, UStG, § 2 Rn. 105; Schirmer, Organschaft und Steuerrecht, S. 178 f; Grube, MwStR 2015, 202 (204); Thietz-Bartram, DB 2009, 1784 (f.).

Unternehmen umfasst sowohl die eigene wirtschaftliche Tätigkeit, als auch die der mit ihm verbundenen Organgesellschaft.[26] Juristische Personen des öffentlichen Rechts können Organträger sein, soweit sie i.S.d. Art. 13 Abs. 2 MwStSystRL als Unternehmer und nicht lediglich im rein hoheitlichen Bereich tätig werden.[27]

III. Eingliederung in den Organträger

Neben den personenbezogenen Voraussetzungen sind kumulativ die drei sachlichen Voraussetzungen der finanziellen, organisatorischen und wirtschaftlichen Eingliederung in den Organträger zu erfüllen. Ausschlaggebend ist dabei das Gesamtbild der tatsächlichen Verhältnisse. So müssen nach Abschnitt 2.8 Abs. 1 Satz 2 UStAE die drei Eingliederungsmerkmale zwar vorhanden, jedoch nicht gleichermaßen ausgeprägt sein. Bei Wegfall auch nur einer dieser Merkmale endet die Organschaft.[28] Im Gegensatz zur körperschaft- und gewerbesteuerlichen Organschaft ist ein Beherrschungs- oder Gewinnabführungsvertrag nicht erforderlich.[29]

Die finanzielle Eingliederung erfordert, dass der Organträger kraft seiner mittelbaren oder unmittelbaren Beteiligung an der Organgesellschaft aufgrund seiner daraus resultierenden Stimmenmehrheit die Möglichkeit hat, seinen Willen durchzusetzen. Dies ist dann der Fall, wenn er die Stimmenmehrheit, also mehr als 50%, sofern keine höhere qualifizierte Mehrheit für Beschlüsse erforderlich ist, inne hat. Als zwingende Voraussetzung kann die Anteilsmehrheit nicht durch Ausprägung eines anderen Eingliederungsmerkmals, wie die Herbeiführung eines faktischen Abhängigkeitsverhältnisses, kompensiert bzw. ersetzt werden.[30]

Organisatorisch ist die Organgesellschaft in den Organträger eingegliedert, wenn die faktische Beherrschung, nämlich die tatsächliche Durchsetzung des Willens des Organträgers, sichergestellt ist. Insbesondere ist dies im Rahmen einer Personalunion der Geschäftsführer

---

[26] EuGH, Urt. v. 27.9.2001, C-16/00; Birkenfeld, UR 2008, 2; Unternehmer: Grune/Mönckedieck, UR 2012, 541 (542).
[27] BFH, 20.08.2009, V R 30/06; BFH, 09.10.2002, V R 64/99, BStBl II 2003, 375; Reiß in Reiß/Kraeusel/Langer, UStG, § 2 Rn. 105.
[28] BFH, Urt. v. 3.4.2008, V R 76/05, BFHE 221, 443, BStBl. II 2008, 905; v. 5.12.2007, V R 26/06, BFHE 219, 463, BStBl. II 2008, 451; BFH, Beschl. v. 11.11.2008, XI B 65/08, BFH/NV 2009, 235; BFH, Urt. v. 17.1.2002, V R 37/00, BFHE 197, 357, BStBl. II 2002, 373; Schütze/Winter, UR 2009, 397.
[29] Hahne, DStR 2008, 910; Neumayer in Neu/Neumann/Neumayer, GmbH-Handbuch, Rz. III 5985; zum Gewinnabführungsvertrag vgl. Herlinghaus in Rödder/Herlinghaus/van Lishaut, UmwStG, Anh. 4 A, B; Torwegge in Holding und Beteiligung, § 1 Rn. 9ff.
[30] BFH, Urt. v. 20.1.1999, XI R 69/97; v. 19.5.2005, V R 31/03, BFHE 210, 167, BStBl II 2005, 671; eine umsatzsteuerliche Mehrmüttergemeinschaft scheidet damit aus: BFH, Urt. v. 30.04.2009, V R 3/08, BFHE 226, 144, BStBl. II 2013, 873; Hartmann, SteuerStud 2011, 393 (398).

des Organträgers und der Organgesellschaft anzunehmen.[31] Die aktienrechtliche Konzernvermutung nach § 17 AktG ist dabei irrelevant.[32]

Eine wirtschaftliche Eingliederung ist anzunehmen, wenn die unternehmerischen Aktivitäten des Organträgers und der Organgesellschaft in einem vernünftigen wirtschaftlichen Zusammenhang i.s. einer wirtschaftlichen Einheit, Kooperation oder Verflechtung vorhanden sind.[33] Dies wäre der Fall, wenn die Organträgerin der Organgesellschaft ein Betriebsgrundstück vermietet und dies für die Organgesellschaft von nicht geringer Bedeutung ist.[34]

Zwischen den Beteiligten muss auch ein Über- und Unterordnungsverhältnis vorliegen, sodass der Organträger der Organgesellschaft übergeordnet ist.[35]

C. Personengesellschaft – Einordnung der Entscheidungen in den Meinungsstand und Stellungnahme

I. BFH V R 25/13 – Organschaft mit Tochterpersonengesellschaft

1. Sachverhalt

In dem zu entscheidenden Fall des FG München[36] war die Klägerin, eine AG, Organträgerin in einem umsatzsteuerlichen Organkreis.

Im Rahmen von Umstrukturierungen wurden zwei der in das Unternehmen der Klägerin eingegliederten Organgesellschaften in der Rechtsform einer GmbH in Personengesellschaften in der Rechtsform einer GmbH & Co. KG umgewandelt.

Die Finanzverwaltung vertrat im Rahmen einer späteren Betriebsprüfung die Auffassung, dass durch die Umwandlung der Organgesellschaften in Personengesellschaften die für Organgesellschaften geltenden Voraussetzungen nicht mehr erfüllt seien und daher keine Eingliederung in den umsatzsteuerlichen Organkreis der Klägerin mehr vorliegen könne. Folglich hatte die Finanzverwaltung sämtliche sowohl von der Klägerin als auch von anderen

---

[31] BFH, Urt v 3.4.2008, V R 76/05, BFHE 221, 443, BStBl 2008, 905; v 20.8.2009, V R 30/06, BFHE 226, 465, BStBl II 2010, 863; v 22.4.2010, V R 9/09, BFHE 229, 433, BStBl II 2011, 597; Hartmann, SteuerStud 2011; 393 (398f.); Schütze/Winter, UR 2009, 397; weitere Fallgestaltungen der Rspr.: *Flückinger* in Plückebaum/Malitzky/Widmann, § 2 Abs. 2 Rn. 303ff.
[32] BFH, Urt v 5.12.2007, V R 26/06, BFHE 219, 463, BStBl II 2008, 451, Rn. 21; Sölch/Ringleb, UStG, § 2 Rn. 159.
[33] BFH, Urt v 29.10.2008, XI R 74/07, BFHE 223, 498, BStBl. II 2009, 256; v. 3.4.2003, V R 63/01, BFHE 202/79, BStBl 2004, 434 (435); v. 18.6.2009, V R 4/08, BFHE 226, 382, BStBl II 2010, 310 (313); *Englisch* in Tipke/Lang, Steuerrecht, § 17 Rn. 63.
[34] BFH, Urt v 3.4.2003, V R 63/01, BFHE 202, 79, BStBl. II 2004, 434; Thietz-Bartram, DB 2009, 1784 (1785).
[35] BFH, 19.05.2005, V R 31/03, BFHE 210, 167, BStBl. II 2005, 671; *Rüth* in Holding und Beteiligung, § 3 Rn. 37.
[36] FG München, Urt. v. 13.3.2013, 3 K 235/10.

Organgesellschaften des Organkreises erbrachte Leistungen an die Personengesellschaften als steuerbare und steuerpflichtige Außenumsätze erfasst und Umsatzsteuer in entsprechender Höhe festgesetzt. Hiergegen wendete sich die vorliegende Klage.

2. Entscheidung

Im Wege der sog. teleologisch erweiternden Auslegung lässt der BFH nunmehr Organschaften auch mit Tochterpersonengesellschaften zu und änderte mit diesem Urteil seine bisherige Rechtsprechung, die bislang nur juristische Personen zuließ. Voraussetzung ist allerdings, dass die Gesellschafter der jeweiligen Personengesellschaft nur der Organträger und andere vom Organträger beherrschte Gesellschaften sind. Eine allgemeine Eingliederung von Personengesellschaften ergibt sich nach Auffassung des BFH nicht aus dem Unionsrecht.

II. Begriff der „juristischen Person" im nationalen Umsatzsteuerrecht

Die Sprache des Umsatzsteuergesetzes ist nicht einheitlich. Neben allgemein üblichen Begriffen des Sprachgebrauchs werden Begriffe aus verschiedenen Bereichen und Rechtsgebieten verwendet sowie zum Teil auch eigenständige Definitionen entwickelt. Überwiegend stammen die Begriffe aus der deutschen Rechtssprache, lediglich vereinzelt aus dem Gemeinschaftsrecht.[37] Die Auslegung der aus anderen Rechtsgebieten entnommenen Begriffe führt immer wieder zu unterschiedlichen Auffassungen.

Grundsätzlich ist festzuhalten, dass das gesamte Steuerrecht, folglich auch das Umsatzsteuerrecht, als Teil des öffentlichen Rechts ein eigenständiges Rechtsgebiet – gleichrangig neben anderen Bereichen der Rechtsordnung – bildet[38] und nach den allgemein gültigen Regeln auszulegen ist.[39] Dazu gehören die verfassungskonforme und die richtlinienkonforme Auslegung[40] Sowie darüber hinaus die Rechtsfortbildung. Im Rahmen des Umsatzsteuerrechts ist das Prinzip der Verbrauchsbesteuerung primärer Maßstab für die Auslegung. Demzufolge ist es das Ziel, die Aufwendungen des Leistungsempfängers für ge- und verbrauchbare Güter zu belasten und das daraus sich ergebende verfassungs- wie unionsrechtlich gebotene Subprinzip der Wettbewerbsneutralität einzuhalten.[41]

---

[37] *Stadie* in Rau/Dürrwächter, UStG, Einf. Rn. 688.

[38] BVerfGE 13, 331 (340); 29, 104 (117); BFH, BStBl. III 1967, 781 (782); Grimm, DStZ 1978, 283; Kirchhof, StuW 1983, 173 (180f.); *Stadie* in Rau/Dürrwächter, UStG, Einf. Rn. 703.

[39] Drüen in Tipke/Krause, AO/FGO, § 4 AO Rz. 214ff; *Englisch* in Tipke/Lang, Steuerrecht, § 5 Rz. 46ff.; Riesenhuber, Europäische Methodenlehre; Schenke, Rechtsfindung im Steuerrecht.

[40] *Ismer* in Herrmann/Heuer/Raupach, EStG/KStG, Einf ESt Rz. 150ff, 416ff, 420ff, 425.

[41] *Stadie* in Rau/Dürrwächter, UStG, Einf. Rn. 680f.

Wie jedes andere Rechtsgebiet, prägt das Umsatzsteuerrecht seine eigenen Tatbestände.[42] Steuerrechtliche Tatbestandsmerkmale, die einem anderen Rechtsgebiet entnommen sind, sind nach dem steuerrechtlichen Bedeutungszusammenhang, dem Zweck des jeweiligen Steuergesetzes und dem Inhalt der einschlägigen Einzelregelung auszulegen. Es liegt von vornherein weder eine Vermutung für ein übereinstimmendes noch für ein abweichendes Verständnis vor.[43]

1. Autonomie des Umsatzsteuerrechts und Auslegung zivilrechtlicher Begriffe

Das zivilrechtliche Verständnis der juristischen Person i.S.v. § 2 Abs. 2 Nr.2 UStG findet im Hinblick auf die anerkannte autonome Regelung des Umsatzsteuerrechts in der Literatur Kritik.[44]

Eine Ansicht sieht die richtige und den Gleichheitssatz beachtende verfassungskonforme Auslegung des Begriffs der juristischen Person i.S.d § 2 Abs. 2 Nr. 2 UStG losgelöst von dem zivilrechtlichen Verständnis, nämlich dem Sinn und Zweck der Organschaftsregelungen und des Umsatzsteuerrechts entsprechend.[45] Unter Abgrenzung zu natürlichen Personen seien unter den Begriff alle eingliederungsfähigen, beherrschbaren Rechtsträger zu erfassen, unabhängig von ihrer Teil- oder Vollrechtsfähigkeit. Daher seien auch Personengesellschaften unter den Eingliederungsvoraussetzungen als Organgesellschaften zu behandeln.

Eine andere Ansicht hält an der Auslegung der früheren Rechtsprechung[46] fest.[47] Eine verfassungskonforme umsatzsteuerliche autonome Auslegung, wonach auch Personengesellschaften von dem Begriff der juristischen Person erfasst sind, sei weder zulässig noch in der Sache geboten. Denn der Ausschluss von Personengesellschaften verstoße nicht gegen den Gleichheitsgrundsatz, auch nicht in Hinblick auf den Neutralitätsgrundsatz.[48] Demnach scheiden Personengesellschaften als Organgesellschaften aus, denn nach dem Willen des historischen Gesetzgebers als auch nach heutigem Verständnis werden Personengesellschaften nicht als juristische Personen angesehen – trotz der

---

[42] BVerfG, 3.6.1992, 1 BvR 583/86; Tipke, Steuerrechtsordnung, Bd. I S. 49ff.

[43] BVerfG, 27.12.1991, 2 BvR 72/90, BStBl. II 1992, 212 (213f.); *Drüen* in Tipke/Kruse, AO/FGO, § 4 AO Rz. 324; *Seer* in Tipke/Lang, Steuerrecht, § 1 Rn. 34; *Stadie* in Rau/Dürrwächter, UStG, Einf. Rn. 704.

[44] vgl. BFH, Urt v 25.5.2000, V R 48/99; v. 18.1.2005, V R 53/02, BFHE 208, 491, BStBl II 2007, 730; Heidner, UR 2006, 74 (76); Hummel, UR 2010, 207 (208); vgl. *Stadie* in Rau/Dürrwächter, UStG, Einf., Rn. 703ff.; vgl. *Reiß* in Reiß/Kraeusel/Langer, UStG, § 2 Rn. 160.

[45] Birkenfeld, UR 2014, 120 (126); Korn in Bunjes, UStG, § 2 Rn. 112; Hummel, UR 2010, 207.

[46] BFH, 7.12.1978, V R 22/74, BStBl. II 1979, 356; BFH, 08.2.1979, V R 101/78, BStBl. II 1979, 362; BFH, 20.1.1988, X R 48/81, BStBl. II 1988, 557.

[47] Reiß in Reiß/Kraeusel/Langer, UStG, § 2 Rz. 106.

[48] BFH, Urt v 3.4.2003, V R 63/01, BFHE 202, 79, BStBl. II 2004, 434; v 19.10.1995, V R 71/93, BFH/NV 1996, 273, unter Berufung auf BVerfG, 20.12.1966, 1 BvR 320/57, 70/63, BVerfGE 21, 12.

zwischenzeitlichen zivilrechtlichen Anerkennung ihrer Rechtsfähigkeit.[49] § 2 Abs. 2 Nr. 2 UStG verweise auf das allgemeine Begriffsverständnis einer juristischen Person. Die Behandlung von Personengesellschaften nach ausländischen Rechtsordnungen – wie die in der romanischen Rechtsordnung, nach welcher Personengesellschaften wie juristische Personen behandelt werden – könne es nicht ankommen.

Eine differenzierende Ansicht erkennt die autonome Auslegung des Umsatzsteuerrechts an, zielt jedoch auf den zivilrechtlichen Begriffsinhalt ab, soweit ausdrücklich auf Definitionen des Zivilrechts Bezug genommen wird oder Begriffe verwendet werden, deren Bedeutungsinhalt erst aus dem Zivilrecht hervorgeht. Im Rahmen von Rechtsformen oder – gestaltungen knüpfe das Steuergesetz nicht an das Zivilrecht an, sondern beschreibe lediglich die zu besteuernden wirtschaftlichen Vorgänge mit Begriffen des Zivilrechts. Daher ist darauf abzustellen, ob der zu beurteilende Sachverhalt dem wirtschaftlichen Vorgang entspreche, den das Steuergesetz bzw. das Umsatzsteuergesetz mit der Anlehnung an das Zivilrecht im Auge hat. Insbesondere im Hinblick auf den Gleichheitssatz, nachdem gleiche Sachverhalte gleich zu besteuern sind, könne es nicht darauf ankommen, in welche zivilrechtliche Gestaltung ein wirtschaftlicher Vorgang gekleidet sei. Demnach ist im Rahmen des § 2 Abs. 2 Nr. 2 UStG eine Gleichsetzung bei atypisch gestalteten Personengesellschaften denkbar. Das Handelsgesetzbuch lässt nach der Rechtsprechung gesellschaftvertragliche Gestaltungen zu, die von dem gesetzlichen Leitbild der Personengesellschaft sehr abweichen. Hierbei ist bei einer kapitalistisch strukturierten Personengesellschaft – wie einer GmbH & Co KG, anderen Personengesellschaften mit ausschließlich Kapitalgesellschaften als haftender Gesellschaft und der Ein-Mann-GmbH und Co. KG – eine Beherrschung im Rahmen einer Eingliederung möglich.[50]

2. Verfassungsrecht - Gleichbehandlungsgrundsatz, Art. 3 Abs. 1 GG

Die Differenzierung nach der Rechtsform und die daraus resultierenden Folgen steht in der verfassungsrechtlichen Kritik, insbesondere ein Verstoß gegen den Gleichbehandlungsgrundsatz aus Art. 3 Abs. 1 GG im Rahmen des Gebots der Wettbewerbs- und Rechtsformneutralität zu sein.

Das Gebot der Wettbewerbsneutralität der Umsatzsteuer besagt, dass gleichartige Umsätze auch gleich besteuert werden müssen. Unterscheidet das Umsatzsteuerrecht nach Umsatzarten

---

[49] Rechtsfähigkeit vgl. BGH, 29.1.2001, II Z R 331/00, BGHZ 146, 341-361.
[50] *Stadie* in Rau/Dürrwächter, UStG, Einf. Rn. 706ff und § 2 Rn. 840f; Wäger, DB 2014, 915 (920); a.A.: *Flückinger* in Plückebaum/Malitzky/Widmann, UStG, § 2 Abs. 2 Rn. 269.

oder Unternehmern und knüpft daran eine unterschiedliche Rechtsfolge, so muss eine Rechtfertigung in besonderen sachlichen Gründen vorliegen.[51] Eine Nichtbesteuerung oder Begünstigung durch Gesetz kann bei Personen, die dieselben Leistungen erbringen, jedoch unterschiedlich besteuert werden, zu Wettbewerbsnachteilen führen. Dies kann vorliegen, wenn die Besteuerung nicht an den Umsatz sondern an die Rechtsform oder bestimmte Eigenschaften des Unternehmers anknüpft.[52]

a) Vorüberlegung – verfassungskonforme Auslegung

Bestehen für das Umsatzsteuergesetz keine verbindlichen Vorgaben durch die MwStRL, sondern ist dem nationalen Gesetzgeber ein Gestaltungsspielraum verblieben, ist das nationale Verfassungsrecht maßgebend. Das BVerfG ist für die verfassungsrechtliche Kontrolle zuständig. In solchen Fällen ist eine Vorlage an den EuGH gem. Art. 267 AEUV nicht zulässig, da keine Auslegung der Richtlinienbestimmung erforderlich ist.[53]

Bisher wurde basierend auf dem Wahlrecht des Art. 11 MwStSystRL ein weiter Spielraum bei der Ausgestaltung der nationalen Regelungen angenommen. Aus diesem Grund soll im Folgenden eine verfassungsrechtliche Würdigung vorgenommen werden.

Eine verfassungskonforme Auslegung beinhaltet eine Interpretation des Gesetzes, die mit den Grundrechten und Grundsätzen der Verfassung vereinbar ist. Bei mehreren möglichen Deutungen durch Wortlaut, Entstehungsgeschichte, Gesamtzusammenhang der einschlägigen Regelung und deren Sinn und Zweck, ist eine Auslegung geboten, die zu einem verfassungskonformen Ergebnis führt.[54] Ihre Grenzen findet sie in einem Widerspruch zu dem Wortlaut und dem erkennbaren Willen des Gesetzgebers.[55]

b) Rechtsprechung

Der BFH hat in der Vergangenheit die zivilrechtliche Auslegung der umsatzsteuerlichen Organschaft als verfassungskonform angesehen.[56] Dabei stützt sich der V. Senat auf eine

---

[51] BVerfG, Beschl v 29.10.1999, 2 BvR 1264/90, BVerfGE 101, 132, BStBl. II 2000, 155; v. 10.11.1999, 2 BvR 2861/93, BVerfGE 101, 151, BStBl. II 2000, 160; v. 10.11.1999, 2 BvR 1820/92, BStBl. II 2000, 158; Wettbewerbsneutralität vgl. Hüttemann, DJStG 26 (2003), S. 73.

[52] *Stadie* in Rau/Dürrwächter, UStG, Einf. Rn. 446ff.

[53] Vgl. BVerfG, Beschl v 13.3.2007, 1 BvF 1/05, BVerfGE, 118, 79 (98); Urt. v. 2.3.2010, 1 BvR 256/08, 263/08, 586/08, BVerfGE 125, 260 (306); Beschl v 19.7.2011, 1 BvR 1916/09, BVerfGE 129, 78, Rz. 53; v. 04.10.2011, 1 BvL 3/08, BVerfGE 129, 186, Rz. 45f.; *Stadie* in Rau/Dürrwächter, UStG, Einf. Rn. 520ff, 535, 715.

[54] BVerfG, 25.3.1992, 1 BvR 298/86, BVerfGE 86, 28 (45); BVerfG, 30.03.1993, 1 BvR 1045/89, BVerfGE 88, 145 (166); BVerwG, Urt. v. 13.5.2009, 9 C 7/08.

[55] BVerfG, 26.4.1994, 1 BvR 12/89 und 1 BvL 6/90, BVerfGE 90, 263 (275); BVerfG 24.05.1995, 2 BvF 1/92, BVerfGE 93/37 (81).

[56] BFH, 13.12.1962, V 87/60 S, BStBl III 1963, 72; BFH, 19.10.1995, V R 71/93; BFH, Urt v 3.4.2003, V R 63/01, BFHE 202, 79, BStBl II 2004, 434.

Entscheidung des BVerfG aus dem Jahr 1966 wonach Steuergesetze aufgrund ihres Charakters als Regelung eines Massenverfahrens typisieren dürfen und daher eine gewisse ungleiche wirtschaftliche Wirkung hinzunehmen sei. Allerdings hat das BVerfG dabei auch festgestellt, dass der Mangel an Wettbewerbsneutralität nur bis zum Abschluss der vom Gesetzgeber eingeleiteten Umsatzsteuerreform hingenommen werden müsse.[57]

Nach neuerer Rechtsprechung des BVerfG ist die Rechtsform allein kein hinreichender Rechtsgrund für eine unterschiedliche Belastung. Der umsatzsteuerrechtliche Belastungsgrund ziele vielmehr auf die umsatzsteuerrechtliche Erfassung jedes Unternehmers, ob juristische Person, Personengesellschaft oder freiberuflich Tätiger.[58] Damit hat das BVerfG die Rechtsformneutralität im Umsatzsteuerrecht bestätigt.

c) Literatur

Die eine Ungleichbehandlung befürwortende Ansicht sieht in der Verwaltungsbegünstigung des Steuerpflichtigen keine Rechtfertigung für eine Begrenzung auf gewisse Unternehmensstrukturen. Die Rechtsform einer Gesellschaft sei für einen vereinfachenden Verwaltungsaufwand völlig unerheblich, weshalb der Verwaltungsvereinfachungsgedanke auch zu Gunsten eingegliederter Personengesellschaften einschlägig ist. Auch liege kein sachlicher Grund für an die Rechtsform anknüpfende Ungleichbehandlung vor, weshalb Leistungen an oder von eingegliederten Personengesellschaften gegenüber Leistungen an oder von eingegliederten Kapitalgesellschaften anders zu behandeln wären.[59] Teilrechtsfähige Personengesellschaften können auch als eigenständige Rechtssubjekte handeln, weshalb eine bloße Teilrechtsfähigkeit der Personengesellschaft als Grund ausscheide. Des Weiteren sei eine finanzielle, wirtschaftliche und organisatorische Eingliederung einer Personengesellschaft genauso möglich wie die einer Kapitalgesellschaft. Denn auch die Personengesellschaft werde mit Hilfe von Organen und durch die Gesellschafter fremdbestimmt geleitet. Trotz mangelnder Gesellschaftsanteile im klassischen Sinne, komme eine mehrheitliche beherrschende Stellung eines Gesellschafters einer Personengesellschaft ebenso in Betracht, wie die eines Gesellschafters einer Kapitalgesellschaft. So könne auch das grundsätzlich geltende Einstimmigkeitsprinzip abbedungen werden. Die Rechtsform und ihre damit einhergehenden zivilrechtlichen Unterschiede[60] sagen auch nichts über die

---

[57] BVerfG, 20.12.1966, 1 BvR 320/57, 70/63, BVerfGE 21, 12 (26f.).
[58] BVerfG, Beschl v 10.11.1999 – 2 BvR 2861/93, BVerfGE 101, 151, BStBl. II 2000, 160; v 31.5.2007, 1 BvR 1316/04.
[59] Hummel, UR 2010, 207 (210);
[60] Juristische Person: strikte Trennung zwischen Gesellschafts- und Gesellschafterebene, Existenz unabhängig vom Fortbestand einer Gesellschaftermehrzahl, Drittorganschaft; Personengesellschaft: Selbstorganschaft,

umsatzsteuerrechtlich nach § 15 Abs. 2 UStG gebotene Kostenbelastung mit Umsatzsteuer innerhalb des Unternehmensverbundes aus. Die Entscheidung eines Unternehmers für umsatzsteuerrechtlich relevante Tätigkeiten mit Personen- oder Kapitalgesellschaften werde vielmehr durch Faktoren außerhalb der Eingliederungs- und Beherrschungsmöglichkeiten dieser Gesellschaft getroffen.[61]

Eine andere Ansicht lehnt in dem Ausschluss von Personengesellschaften in § 2 Abs. 2 Nr. 2 UStG von dem zum Organ zugelassenen Rechtsträger einen Verstoß gegen den Gleichheitssatz ab. Die Rechtsformneutralität sei gewahrt, denn der Organträger als Steuerpflichtiger kann jede Rechtsform haben. Unter dem Aspekt der Rechtssicherheit stelle sich die Beschränkung auf juristische Personen als eine zulässige Einschränkung dar. Es sei problematisch, ob Personengesellschaften mit natürlichen Personen als Komplementären als organisatorisch und finanziell ein- und untergeordnet angesehen werden können.[62]

III. Entwicklung der nationalen Rechtsprechung

Als nicht juristische Personen scheiden gem. § 2 Abs. 2 Nr. 2 UStG Personengesellschaften wie die GbR, OHG, KG und insbesondere die GmbH & Co KG grundsätzlich als Organgesellschaft aus.[63]

OHG und KG können gem. §§ 124 Abs. 1, 161 Abs. 2 HGB unter ihrer Firma Rechte erwerben und Verbindlichkeiten eingehen, jedoch begründen sie diese nicht wie in § 1 AktG aufgrund einer eigenen Rechtspersönlichkeit. So erlischt die Personengesellschaft mit dem Ausscheiden des vorletzten Gesellschafters per se. Sie ist also von der Existenz zweier natürlicher Personen, die einen gemeinsamen Zweck verfolgen, abhängig. Die Personengesellschaft wird auch nicht durch das gewandelte Verständnis des BGH bzgl. der Rechtsfähigkeit zu einer juristischen Person.[64]

Der BFH hat die frühere langjährige Rechtsprechung der entsprechenden Anwendung der organschaftlichen Vorschriften auf Personengesellschaften, sog. organschaftliches Verhältnis,

---

Erlöschen bei Wegfall des vorletzten Gesellschafters, (abdingbarer) Grundsatz der Einstimmigkeit, vgl. Ulmer in MK, BGB, § 705, Rz. 308, 309.

[61] Hummel, UR 2010, 207 (209f.).

[62] *Reiß* in Reiß/Kraeusel/Langer, UStG, § 2 Rn. 98.17 und 106.

[63] GmbH & Co. KG vgl. *Reiß* in Reiß/Kraeusel/Langer, UStG, § 2 Rn. 107.2, 111.9; *Rüth* in Holding und Beteiligung, § 3 Rn. 47.

[64] BGH, Urt. v. 29.1.2001, II ZR 331/00, BGHZ 146, 341, Rz. 13; v. 5.3.2008, IV ZR 89/07, BGHZ, 175, 374; vgl. auch EuGH, Urt. v. 16.07.2015, C-108/14 und C-109/14, Rz. 37; Hummel, UR 2010, 207 (208).

aufgegeben und eine Unselbständigkeit i.S.v. § 2 Abs. 2 Nr. 2 UStG bei Personengesellschaften des Handelsrechts abgelehnt.[65]

Neben der Entstehungsgeschichte des § 2 Abs. 2 Nr. 2 UStG, wonach der RFH in seiner Organschaftsrechtsprechung 1934 nur Kapitalgesellschaften im Auge hatte[66], sieht die Rechtsprechung[67] die Begrenzung auf juristische Personen aufgrund der Rechtssicherheit begründet. Eine einfache und rechtssichere Bestimmung ohne Nachweisschwierigkeiten lasse sich für juristische Personen anhand der finanziellen Eingliederung als Voraussetzung ermitteln:

Hier beruht das gesellschaftliche Stimmrecht auf den Regelungen der notariell zu beurkundenden Satzung.[68] Die den Gesellschaftern obliegenden Entscheidungen sind gem. § 47 Abs. 1 GmbHG und § 133 Abs. 1 AktG nach dem Mehrheitsprinzip zu treffen, sodass der Gesellschafter, der über die Mehrheit der Stimmrecht verfügt, die Möglichkeit inne hat, seinen Willen durchzusetzen. Die Übertragung von Geschäftsanteilen und Aktien und die damit einhergehende Übertragung des Stimmrechts ist gem. § 15 Abs. 3 GmbHG, § 67 AktG sowie die Inhaberschaft am Aktienpapier rechtssicher nachvollziehbar. Darüber hinaus bestehen gem. § 40 GmbHG und § 20 Abs. 4 AktG Meldepflichten.[69]

Im Rahmen einer Personengesellschaft sei dies mit Blick auf das hier geltende Einstimmigkeitsprinzip und die Missbrauchsprävention problematischer: Jedes Geschäft erfordert gem. § 709 Abs. BGB, § 119 Abs. 1 HGB, § 161 Abs. 2 HGB die Zustimmung aller Gesellschafter. Hat hingegen nach Gesellschaftsvertrag die Mehrheit der Stimmen zu entscheiden, so ist gem. § 709 Abs. 2, § 119 Abs. 2 HGB die Mehrheit im Zweifel nach der Zahl der Gesellschafter zu berechnen. Dies steht einer Mehrheitsentscheidung durch nur einen Gesellschafter entgegen. Darüber hinaus besteht bis auf Sonderfälle für den Abschluss und die Änderung von Gesellschaftsverträgen bei Personengesellschaften keinerlei Formzwang, sodass Nachweisschwierigkeiten auftreten können. So können von §§ 709 BGB und 119 HGB abweichende gesellschaftsvertragliche Stimmrechtsvereinbarungen auch mündlich getroffen und geändert werden.[70]

---

[65] BFH, Urt. v. 7.12.1978, V R 22/74, BStBl. II 1979, 356; v. 8.2.1979, V R 101/78, BStBl. II 1979, 362; Hartmann, SteuerStud, 393 (394).
[66] *Stadie* in Rau/Dürrwächter, UStG, § 2 Rn. 838.
[67] dazu vgl. BFH, Urt. v. 8.2.1979, V R 101/78, BFHE 127, 267, BStBl II 1979, 362; aufgegriffen BFH, Urt. v. 2.12.2015, V R 25/13.; vgl. BFH, Urt. v. 22.8.2013, V R 37/10, BFHE 343, 20, BStBl II 2014, 128.
[68] Vgl. GmbH § 2 Abs. 1, § 3 Abs. 1 Nr. 4 GmbHG, vgl. AG § 23, §§ 8 ff., § 12 AktG.
[69] Vgl. § 20 Abs. 4 AktG
[70] Zur formlosen Änderung trotz Schriftformklausel vgl. BFH, Urt v 24.11.1996, I R 115/95, BFHE 181, 281, BStBl. II 1997, 138, vgl. *Westermann* in Ermann, BGB, § 705 Rn. 10, § 709 Rn. 28

Da im nationalen Rechts über das Bestehen einer Organschaft ohne ein besonderes Feststellungsverfahren mit Rückwirkung für alle gem. § 164 AO unter Vorbehalt der Nachprüfung stehenden Besteuerungszeitraum der Vergangenheit in jedem Stadium des Besteuerungs- oder Rechtsbehelfsverfahrens neu entschieden werden kann, bestehe im Allgemeinen keine Grundlage, um die Person des Steuerschuldners einfach und rechtssicher bestimmen zu können.

IV. Unionsrecht, Art. 11 MwStSystRL

Maßgeblich ist das Wahlrecht des Art. 11 MwStSystRL nachdem jeder Mitgliedstaat in seinem Gebiet ansässige Personen, die zwar rechtlich unabhängig, jedoch durch gegenseitige finanzielle, organisatorische und wirtschaftliche Beziehungen eng miteinander verbunden sind, zusammen als einen Steuerpflichtigen behandeln kann. Viele Mitgliedstaaten stellen trotz dieses weiten Wortlauts bestimmte Voraussetzungen für den Zugang zu diesen Steuergruppen.[71] Ob die unterschiedliche Handhabung der umsatzsteuerlichen Organschaft je nach der Rechtsform im deutschen Recht ein Verstoß gegen die Vorschriften sowie das Prinzip der steuerlichen Neutralität und das Gebot der Rechtsformunabhängigkeit des EU-Rechts darstellt, ist strittig.[72]

1. Vorüberlegung – Unionsrechtskonforme Auslegung

a) Richtlinienkonforme Auslegung

Soweit die einschlägigen Richtlinien verbindliche Vorgaben enthalten und dem nationalen Gesetzgeber keine Gestaltungsspielraum belassen, ist das nationale Umsatzsteuergesetz richtlinienkonform auszulegen. Diese Verpflichtung folgt stets unmittelbar aus der Umsetzungsverpflichtung des Art. 288 AEUV in Verbindung mit dem Gebot der Gemeinschafts- bzw. Unionstreue aus Art. 4 Abs. 3 Unterabs. 2 EUV.[73]

Die richtlinienkonforme Auslegung ist Bestandteil der nationalen Auslegungslehre und findet ihre Grenzen im möglichen Wortsinn des Umsatzsteuergesetzes. Da sie allerdings noch

---

[71] Zu den Länderberichten vgl. Boor, Gruppenbesteuerung, S. 32f.
[72] BFH, EuGH-Vorlage v. 11.12.2013, XI R 17/11, BFHE 244, 79, BStBl. II 2014, 417; BFH, Beschl v 11.12.2013, XI R 38/12, BFHE 244, 94, BStBl. II 2014, 428; u.a. Birkenfeld, UR 2010, 198; ders. UR 2014, 120; Dahm/Hamacher, IStR 2013, 820; Erdbrügger, DStR 2013, 1573; Grünwald, MwStR 2013, 328; Gehring, UR 2015, 409; Hubertus/Fetzer, DStR 2013, 1468; Hahne, DStR 2008, 910; Küffner/Streit, UR 2013, 401; Slapio, UR 2013, 407; Streit/Duyfijes, DStR 2014, 399; *Stadie* in Rau/Dürrwächter, UStG, § 2 Rn. 788ff., 839ff., 893; Wäger, DB 2014, 915; a.A.: *Reiß* in Reiß/Kraeusel/Langer, § 2 Rz. 106, 98.16 f.
[73] EuGH, 10.04.1984, C-14/83, EuGHE, 1984, 1891 (1908f.); EuGH, 20.09.1988, C-31/87, EuGHE, 1988, 4636 (4662); EuGH, 11.07.2002, C-62/00; BVerfG, 08.04.1987, 2 BvR 687/84, BVerfGE 75, 223 (237 m.w.N); u.a.: BFH, 12.11.1980, II R 1/76, BStBl. II 1981, 279; BFH, Urt. v. 17.6.2004, V R 31/02, BFHE 205, 549; BStBl. II 2004, 858; v. 15.4.2010, V R 10/09, BFHE 229, 416, Rz. 14; *Ismer* in Herrmann/Heuer/Raupach, EStG/KStG, Einf. ESt Rz. 150ff, 416ff., 420ff., 425; vgl. auch Proells, BVerfG und überstaatliche Gerichtsbarkeit, S. 87.

Rechtsdeutung und keine Rechtsschöpfung darstellt, kommt eine weitergehende richtlinienkonforme Rechtsfortbildung durch teleologische Reduktion der Norm in Betracht.[74] Bei der Auslegung der MwSt-Richtlinie gelten die allgemeinen Grundsätze der Auslegung. Das gesamte Unionsrecht sowie einschlägige Verordnungen, wie die MwSt-DVO, die Gestaltung der Auslegung durch den EuGH und etwaige Protokollerklärungen der Ratsmitglieder zu Richtlinienartikeln[75] sind zu berücksichtigen. Bei Zweifeln über die Auslegung ist von den letztinstanzlichen nationalen Gerichten eine Vorabentscheidung des EuGH nach Art. 267 AEUV einzuholen.[76]

b) Grundrechtskonforme Auslegung

Die Richtlinien sind nach Maßgabe des primären Unionsrechts, insbesondere der unionsrechtlichen Grundrecht und Grundfreiheiten, Art. 6 Abs. 2 EUV, auszulegen. Ist eine Regelung des nationalen Umsatzsteuergesetzes aufgrund einer zwingenden Vorgabe der MwSt-Richtlinie unionsrechtskonform auszulegen, so ist zunächst die entsprechende Vorgabe der Richtlinie unionsgrundrechtskonform, in einem nächsten Schritt erst die nationale Bestimmung richtlinienkonform zu interpretieren. Regelmäßig ist jedoch aufgrund des Gebots der einheitlichen Anwendung des Unionsrechts eine Vorabentscheidung des EuGH nach Art. 267 AEUV erforderlich. Liegt keine zwingende Richtlinienvorgabe vor, ist das nationale Recht verfassungskonform auszulegen.[77]

c) Vorabentscheidung EuGH

Im Wege der Vorabentscheidung entscheidet der EuGH gem. Art. 267 Abs. 1 Buchst. b AEUV vor dem Hintergrund der Harmonisierung des Rechts über die Gültigkeit und Auslegung der Richtlinien des Rates. Diese Vorabentscheidung hat keine unmittelbare Einwirkung auf das nationale Recht. Jedoch trifft Gerichte und Verwaltung die Verpflichtung zur richtlinienkonformen Auslegung.[78]

---

[74] zur Grenze der Auslegung vgl. BFH, Urt. v. 15.1.2009, V R 9/06, BFHE 224, 166, BStBl. II 2010, 433.
[75] Vgl. BFH, 21.12.1988, V R 24/87, BStBl. II 1989, 430; Birkenfeld, UR 1989, 329 (336); Meilicke, BB 1992, 969 (973f.).
[76] Hüttemann, Gemeinnützigkeits- und Spendenrecht, Rn. 7.109; *Stadie* in Rau/Dürrwächter, UStG, Einf. Rn. 573ff., 680, 715f., 719f.
[77] *Stadie* in Rau/Dürrwächter, UStG, Einf. Rn. 722.
[78] *Englisch* in Tipke/Lang, Steuerrecht, § 4 Rz. 31; Herrlinghaus, Bedeutung und Reichweite der richtlinienkonformen Auslegung nationalen Rechts, 1997; *Ismer* in Herrmann/Heuer/Raupach, EStG/KStG, Einf. ESt Rz. 421; Probst, UR 1990, 302 (304); *Roth* in Europäische Methodenlehre, § 14 Rn. 15f.

Die Begriffe des Unionsrechts erfordern eine autonome und einheitliche unionsrechtliche Definition.[79] Die Auslegung eines Begriffs kann somit nicht anhand des Zivilrechts oder öffentlichen Rechts eines Mitgliedstaates erfolgen.[80] Für die Auslegung sind, wie auch in der deutschen Auslegungsmethodik, der Wortlaut, der Zusammenhang und der Normzweck ausschlaggebend.[81] Die rechtsstaatlichen Grundsätze wie die Rechtssicherheit, der Neutralitätsgrundsatz bzw. Gleichbehandlungsgrundsatz und der Gestaltungsmissbrauch bilden elementare Auslegungsdeterminanten.[82]

d) Stellungnahme

In Bezug auf die Anwendung des Art. 11 MwStSystRL sind zwei Faktoren zu berücksichtigen. Gem. Art. 288 Abs. 3 AEUV ist die Richtlinie für jeden Mitgliedstaat, an den sie gerichtet wird, hinsichtlich des zu erreichenden Ziels verbindlich und bedarf der Umsetzung durch die nationalen Gesetzgeber. Des Weiteren wird durch Art. 11 MwStSystRL ein Wahlrecht eingeräumt. Fraglich ist, ob die Auslegung der Richtlinienbestimmung unionsautonom erfolgt oder ob ein Kodifikationsermessen besteht. Definiert der Gesetzgeber einen Begriff selbst, ist ein unionsautonomes Konzept gewollt, verweist der Gesetzgeber für eine Definition hingegen auf nationales Recht, ist keine Unionsautonomie gewollt.[83]
Die Eigenschaften als Person sowie die Eingliederungsmerkmale finden in der Richtlinie keine Definition oder einen Verweis auf nationales Recht der Mitgliedstaaten. Zwar kann sich ein Verweis auch ohne ausdrückliche Regelung ergeben[84], grundsätzlich wird eine unionsautonome Auslegung jedoch vermutet.[85] So hat sich der EuGH für eine unionsautonome Auslegung des subjektiven Gruppenbesteuerungsmerkmals der „Personen" ausgesprochen. Bedenklich könnte dies unter der Berücksichtigung der Bedeutung des deutschen Organschaftsrechts für die Entstehung des harmonisierten Gruppenbesteuerungsrechts sein. Dem gegenüber steht jedoch, dass das deutsche Organschaftsrecht zwar zunächst als „Vorbildrecht" diente, jedoch nur unvollständig in die MwStSystRL übernommen wurde und die Kommission im Rahmen der Novellierung der

---

[79] EuGH, Urt. V. 27.11.2003, C-497/01; EuGH, 3.3.2005, C-428/02; v. 26.5.2005, C-43/04; Vermeidung Doppel-/Nichtbesteuerung vgl. Art. 58 MwStSystRL; EuGH, Urt. v. 22.10.2009, C-242/08.
[80] Vgl. EuGH, Urt v 16.1.2003, C-315/00; v 6.2.2003, C-185/01; v 14.7.2005, C-435/03; v 15.12.2005, C-63/04; vgl Stadie in Rau/Dürrwächter, UStG, Einf Rn. 573, 592, 711, 719.
[81] EuGH, Urt v 18.11.2004, C-284/03; v 9.3.2006, C-114/05; v. 6.3.2008, C-98/07.
[82] Rechtssicherheit vgl. EuGH, Urt. v. 29.10.2009, C-29/08; Gleichbehandlungsgrundsatz vgl. EuGH, Urt. v. 10.6.2010, C-262/08; Gestaltungsmissbrauch vgl. EuGH, Urt. v. 21.2.2006, C-255/02.
[83] So etwa in Art. 80 MwStSystRL; vgl. EuGH, Urt. v. 4.10.2001, C-326/99 Rn. 34; v. 9.9.2004, C-269/03 Rn. 21; Boor, Gruppenbesteuerung, S. 7.
[84] Vgl. EuGH, 7.7.1992, C-369/90, Rn. 10; Begriff der Staatsangehörigen Art. 52 EWG; EuGH, 10.05.2012, C-203/99, Rn. 25; vgl. Roth in Europäische Methodenlehre, § 14 Rn. 15f., 25ff.
[85] Vgl. EuGH, Urt. v. 19.9.2000, C-287/98, Rn. 43; v. 9.11.2000, C-357/98, Rn. 26.

Sechsten Richtlinie eigenständige Regelungszwecke formulierte.[86] Nach Ansicht des EuGH steht ein Verweis der Gesetzesmaterialien auf vorgehendes nationales Recht nicht entgegen.[87] Auch ein Mitgliedstaatenwahlrecht schadet einer unionsautonomen Auslegung nicht.[88]

2. Begriff der „Personen" im Unionsrecht

a) Richtlinie

Das Unionsrecht bestimmt innerhalb der Organschaft keine bestimmte Rechtsform. So ist es ausreichend, wenn in dem Mitgliedstaat ansässige rechtlich unabhängige „Personen" durch die benannten „gegenseitigen" Beziehungen eng miteinander verbunden sind. Folglich kann einem Unternehmer jeder Rechtsform eine Gesellschaft jeder Rechtsform eng verbunden sein. Ausgeschlossen ist eine Organschaft zwischen zwei natürlichen Personen. Nach Art. 10 MwStSystRL ist eine finanziell und wirtschaftlich abhängige natürliche Person als Arbeitnehmer mit einer weiteren natürlichen Person als Steuerpflichtiger verbunden.[89] Dies folgt aus dem Anwendungsbereich des Mehrwertsteuerrechts. Steuerpflichtig ist demnach, wer sich wirtschaftlich i.S.v. Art. 9 MwStSystRL betätigt.

b) Europäische Kommission

Die Kommission geht davon aus, dass sich der Begriff der „Personen" nur auf solche Rechtssubjekte beinhaltet, die Steuerpflichtige i.S. der MwStSystRL sind. Die Auswirkungen der Organschaft könnten den Wettbewerb verzerren und den Grundsatz der Neutralität verletzen.[90]

c) Neutralitäts- und Gleichbehandlungsgrundsatz

Der auf der 5. und 7. Begründungserwägung zur 1. EG-Richtlinie[91] und zur MwStSystRL[92] sowie der Rechtsprechung des EuGH basierende Grundsatz der Neutralität und der daraus ausgeprägte Gleichbehandlungsgrundsatz entsprechen dem nationalen verfassungsrechtlichen, aus dem Gleichbehandlungsgrundsatz abgeleiteten Gebot der Wettbewerbsneutralität der Umsatzbesteuerung. Diesem Neutralitätsgrundsatz entspringt das Gebot der

---

[86] Vorschlag einer Sechsten Richtlinie des Rates – Begründung, KOM (1973) 950, BT-Drucks. VII/913, 37; vgl *Roth* in Europäische Methodenlehre, § 14 Rn. 56ff; vgl. auch EuGH, 14.01.1982, C-64/81, Rn. 8.
[87] EuGH, Urt. v. 18.10.2001, C-441/99, Rn. 6 und 26.
[88] Weiterführend: Boor, Gruppenbesteuerung, S. 7ff, m.w.N.
[89] Birkenfeld, UR 2008, 2 (3); *Langer* in Reiß/Kraeusel/Langer, UStG, Art. 10 MwStSystRL Rn. 18f.; *Stadie* in Rau/Dürrwächter, UStG, § 2 788ff.
[90] Mitteilung der Kommission, 02.07.2009, KOM (2009) 325 endg., UR 2009, 632; *Treiber* in Sölch/Ringleb, UStG, § 2 Rn. 140, 141.
[91] 1. EG-Richtlinie 67/227/EWG vom 11.04.1967 zur Harmonisierung der Rechtsvorschriften der Mitgliedstaaten über die Umsatzsteuer, Abl. EG Nr. L 71/1967, 1301
[92] Richtlinie 2006/112/EG vom 28.11.2006, Abl. EU Nr. L 347/2006, 1.

Rechtsformneutralität, welches verbietet, die Gewährung einer Steuerbefreiung für gleichartige Leistungen von der Rechtsform, in der der Unternehmer als Steuerpflichtiger seine Tätigkeit ausübt, abhängig zu machen.[93]

d) Rechtsprechung des EuGH

In seiner neuen Rechtsprechung legt der EuGH den Wortlaut des Art. 11 MwStSystRL weit aus und setzt neben der Eingliederung nur noch die Ansässigkeit der Person im Gebiet des Mitgliedstaates voraus.[94] Eine Möglichkeit den Wirtschaftsteilnehmern weitere Bedingungen für die Bildung einer Mehrwertsteuergruppe aufzuerlegen, sehe der Artikel für die Mitgliedstaaten auch nicht vor.[95] Der Ausschluss von Personengesellschaften stehe per se nicht im Einklang mit der Richtlinie, ausnahmsweise soll eine Beschränkung lediglich als erforderliche und geeignete Maßnahme zur Missbrauchsvermeidung zulässig sein.[96] So wertet der EuGH auch Kommanditgesellschaften als „Person" im Sinne der Richtlinie.[97] Ob es sich bei dem Ausschluss von Gesellschaften, die keine juristische Personen sind, von der Regelung der Mehrwertsteuergruppe um eine erforderliche und geeignete Maßnahme zur Verhinderung von Missbräuchen handelt, obliegt der Prüfung des BFH.[98]

Der EuGH geht davon aus, dass Art. 11 MwStSystRL keine unmittelbare Wirkung hat, so dass sich der Steuerpflichtige gegenüber dem Mitgliedstaat darauf berufen könne soweit die nationale Regelung nicht unionsrechtskonform sei.[99]

V. Teleologische Erweiterung des BFH

Der XI. Senat hat den EuGH am 11.12.2013 um Vorabentscheidung ersucht und Fragen zur Auslegung des Art. 11 MwStSystRL vorgelegt. Dabei hat er auch die in der Literatur[100] bereits länger umstrittene Organfähigkeit von Personengesellschaften problematisiert.[101]

---

[93] u.a. EuGH, Urt v 7.09.1999, C-216/97; v 6.11.2003, C-45/01; v 12.1.2006, C-246/04; vgl. Urt v 29.2.2012, C-436/10; *Stadie* in Rau/Dürrwächter, UStG, § 2 Rn. 556, 563, 600f.
[94] EuGH, Urt. v. 9.4.2013, C-85/11, Rn. 36.
[95] EuGH, Urt. v. 25.4.2013, C-480/10, Rn. 35.
[96] Beschränkung als Ziel Missbrauchsvermeidung vgl. EuGH, Urt. v. 25.4.2013, C-480/10, Rn. 38f; Förderung Missbrauchsvermeidung vgl. EuGH, Urt. v. 21.02.2006, C-255/02, Rn. 70f.
[97] EuGH, Urteil vom 16.07.2015, C-108/14 und C-109/14, Rn. 37, 46; Jorewitz, IStR 2015, 721 (724).
[98] EuGH, 16.07.2015, C-108/14 und C-109/14, Rn. 43.
[99] EuGH, 16.07.2015, C-108/14 und C-109/14, Rn. 52.
[100] Birkenfeld, UR 2008, 2; ders UR 2010, 198; ders UR 2014, 120; Dahm/Hamacher, IStR 2013, 820; Erdbrügger, DStR 2013, 1573; Grünwald, MwStR 2013, 328; ders MwStR 2014, 226; Gehring, UR 2015, 409; Hubertus/Fetzer, DStR 2013, 1468; Hahne, DStR 2008, 910; Jorewitz, IStR 2015, 721; Küffner/Streit, UR 2013, 401; Slapio, UR 2013, 407; Streit/Duyfijes, DStR 2014, 399; *Stadie* in Rau/Dürrwächter, UStG, § 2 Rn. 788ff., 839ff., 893; Wäger, DB 2014, 915; a.A.: *Reiß* in Reiß/Kraeusel/Langer, § 2 Rz. 106, 98.16 f.
[101] BFH, EuGH-Vorlage v. 11.12.2013, XI R 17/11, BFHE 244, 79, BStBl. II 2014, 417; BFH, Beschluss vom 11.12.2013, XI R 38/12, BFHE 244, 94, BStBl. II 2014, 428; Grünwald MwStR 2014, 227; Widmann, DStR-Beih 2014, 109 (111).

1. V. Senat des BFH

Nachdem der EuGH die Beschränkung auf juristische Personen verworfen hat, hat sich der V. Senat in seiner Entscheidung vom 02.12.2015 für eine teleologische Extension ausgesprochen und damit seine Rechtsprechung geändert.[102] Nach Auffassung des V. Senats stellt § 2 Abs. 2 Nr. 2 UStG nur vordergründig auf eine rechtsformbezogene Voraussetzung ab. Der Normzweck soll vielmehr dazu dienen die Voraussetzungen der Organschaft leicht und einfach festzustellen und damit zu der mit der Organschaft angestrebten Verwaltungsvereinfachung sowie Missbrauchsvermeidung beizutragen. Das Gesetz treffe grundsätzlich eine sachlich vertretbare Unterscheidung, ob eine juristische Person vorliege und verstoße daher nicht gegen Art. 3 Abs. 1 GG. Ist jedoch das grundsätzlich bestehende Einstimmigkeitsprinzip bei Personengesellschaft von vornherein ohne Bedeutung und ist daher bereits abstrakt eine finanzielle Eingliederung gegeben, so sei ein Ausschluss dieser Personengesellschaft nicht gerechtfertigt. Nach Ansicht des V. Senats ist zwar ein bestimmter Sachbereich gesetzlich geregelt, jedoch liege mangels einer Vorschrift für Fälle, die nach dem Grundgedanken und der Systematik des Gesetzes hätten mit geregelt werden müssen, eine Regelungslücke vor. Diese sei entsprechend dem Gesetzeszweck insofern zu schließen, dass eine Organschaft auch mit Tochterpersonengesellschaften zulässig ist, deren Gesellschafter nur der Organträger und andere vom Organträger finanziell beherrschte Gesellschaften sind. Dadurch könne der Organträger seinen Willen durchsetzen, so dass von vornherein dem allgemeinen Einstimmigkeitsprinzip bei der Personengesellschaft keine Bedeutung zukomme. Eine allgemeine Eingliederung von Personengesellschaften ergebe sich vor dem Hintergrund des Grundsatzes der Rechtssicherheit und der Missbrauchsvermeidung nicht aus dem Unionsrecht. Der V. Senat hält an seiner Rechtsprechung[103] an einer einfachen und rechtssicheren Bestimmung des Steuerschuldners für den Organträger im Grundsatz weiter fest.[104]

Hingegen hält der V. Senat an dem Bestehen einer eigenen Mehrheitsbeteiligung des Organträgers an der Tochterpersonengesellschaft und dem Regelfall einer personellen Verflechtung über die Geschäftsführung der Personengesellschaft fest, sodass eine Organschaft mit Schwestergesellschaften weiter ausgeschlossen bleibt.

---

[102] BFH, Urt v 2.12.2015, V R 25/13; FG München, 13.3.2013, 3 K 235/10.
[103] BFHE, 127, 267, BStBl. II 1979, 362; vgl. auch BFH, Urt. v. 22.8.2013, V R 37/10, BFHE 243, 20, BStBl. II 2014, 128; Rechtssicherheit bei finanzieller Eingliederung vgl. BFH, Urt. v. 8.8.2013, V R 18/13, BFHE 242, 433.
[104] BFH, Urteil vom 02.12.2015, V R 25/13, Rn. 28ff., 36ff., 50ff.

An der Rechtsprechung zur Aufgabe des sog. organschaftlichen Verhältnisses und an dem Grundsatz einer einfachen und rechtssicheren Bestimmung des Steuerschuldners hält der V. Senat weiter fest.[105]

2. XI. Senat des BFH

Auch der XI. Senat hat sich, nachdem der EuGH im Rahmen dessen Vorlagefragen die Beschränkung auf juristische Personen verworfen hat, in seiner Entscheidung vom 19.01.2016 für eine Zulässigkeit einer kapitalistisch strukturierten Personengesellschaft, wie die GmbH & Co. KG, ausgesprochen.[106] Zwar weicht der XI. Senat in der Begründung durch eine von der zivilrechtlichen Terminologie abweichende Auslegung des Begriffs der juristischen Person, nicht aber im Ergebnis von dem Urteil des V. Senats ab, sodass keine Abweichung i.S. des § 11 Abs. 2 FGO vorliegt.[107]

Zunächst stellt der XI. Senat fest, dass § 11 MwStSystRL keine unmittelbare Wirkung entfalte, aus dem Grundsatz der Unionstreue gem. Art. Abs. 3 EUV erfolge allerdings die Verpflichtung zur unionsrechtskonformen Auslegung. Nach Auffassung des XI. Senats ist die Beschränkung auf juristische Personen keine erforderliche und geeignete Maßnahme zur Missbrauchsverhinderung.[108]

Steuerrechtliche Tatbestandsmerkmale seien nach dem steuerrechtlichen Bedeutungszusammenhang, nach dem Zweck des jeweiligen Steuergesetzes und dem Inhalt der einschlägigen Einzelregelung auszulegen. Auch für Begriffe aus einem anderen Rechtsgebiet bestehe weder eine Vermutung für ein übereinstimmendes noch für ein abweichendes Verständnis.[109] Eine richtlinienkonforme Auslegung des Begriffs der juristischen Person aus § 2 Abs. 2 Nr. 2 UStG dahingehend, dass dieser auch eine GmbH & Co. KG erfasse, stehe auch im Einklang mit der Rechtsprechung des BVerfG.[110]

VI. Stellungnahme

Die alte Ansicht des V. Senats des BFH[111], die zivilrechtlichen Auslegung der Regelungen sei aufgrund einer Entscheidung des BVerfG[112] aus dem Jahre 1966 verfassungskonform, ist problematisch. Zum Einen eröffnet dieses Urteil den Umkehrschluss, dass nach Abschluss der

---

[105] BFH, Urteil vom 02.12.2015, V R 25/13, Rn. 25ff; greift auf Argumentation zur Ablehnung organschaftlichen Verhältnisses zurück, Rn. 28ff; s.o. Punkt C.III.
[106] BFH, Urteil vom 19.01.2016, XI R 38/12, Rn. 62, 78, 82, 90.
[107] BFH, Urteil vom 19.01.2016, XI R 38/12, Rn. 98, 92.
[108] BFH, Urt v 19.01.2016, XI R 38/12, BFHE nn, Rn. 67.
[109] BFH, Urt v 19.01.2016, XI R 38/12, Rn. 62, 82f., 89.
[110] BFH, Urt v 19.01.2016, XI R 38/12, Rn. 82.
[111] BFH Urt v 19.10.1995, V R 71/93; bestätigt Urt v 3.4.2003, V R 63/01, BFHE 202, 79, BStBl. II 2004, 434.
[112] BVerfG, 20.12.1966, 1 BvR 320/57, 70/63, BVerfGE 21, 12 (26f.).

Umsatzsteuerreform eine Ungleichbehandlung nicht mehr zu akzeptieren ist und zum Anderen hat das BVerfG in neuerer Rechtsprechung im Rahmen einer Steuerbefreiung die Rechtsformneutralität im Umsatzsteuerrecht bestätigt.[113]

Problematisch an dieser Stütze ist auch eine mögliche Prüfungsbeschränkung des Bundesverfassungsgerichts bei der Überprüfung nationalen Rechts, welches in Umsetzung einer EG-Richtlinie ergangen ist. Aufgrund der europäischen Einbettung des Umsatzsteuerrechts wird nämlich eine richtlinienkonforme Auslegung der nationalen Umsatzsteuergesetze verlangt, Art. 288 AEUV.[114] Eine Interpretation der Tatbestandsmerkmale des Umsatzsteuergesetzes nach nationalem Zivilrecht ist folglich ausgeschlossen. Unter Beachtung der Vielzahl der Mitgliedstaaten und der damit einhergehenden unterschiedlichen Zivilrechtsordnungen, ist dem EuGH lediglich eine autonom europäische Auslegung möglich. Nur so wird die Harmonisierung und Vereinheitlichung des Umsatzsteuerrechts sowie dessen Wettbewerbsneutralität in der Union gesichert.[115]

Darüber hinaus ist hier zu beachten, dass der EuGH eine Vorabentscheidung[116] getroffen hat, die für die nationalen Gerichte und Verwaltung bindend ist.

1. Vergleichbarer Sachverhalt

Vor dem Hintergrund des Gleichheitssatzes sind wirtschaftlich gleiche Sachverhalte gleich zu besteuern, unabhängig von ihrer zivilrechtlichen Gestaltung. Eine umsatzsteuerrechtliche Vermietung und Verpachtung eines Grundstücks gem. § 4 Nr. 12 Satz 1 Buchst. a UStG liegt also vor, sobald der wirtschaftliche Vorgang „Gebrauchsüberlassung eines Grundstücks" verwirklicht ist und zwar unabhängig davon ob oder in welche zivilrechtliche Gestaltung dieser Vorgang gekleidet ist.[117]

Überträgt man dies auf die Rechtsformen mit dem wirtschaftlichen Vorgang „Beherrschung durch Eingliederung" ergibt sich anhand einer Differenzierung eine verfassungskonforme Lösung bzgl. der Erfüllung eines gleichen wirtschaftlichen und somit gleich zu besteuernden Vorgangs. Personengesellschaften, die dem gesetzlichen Leitbild entsprechen und folglich

---

[113] Vgl. Hummel, UR 2010, 207 (210); Rechtsformneutralität vgl. BVerfG, Beschl v 10.11.1999, 2 BvR 2861/93, BVerfGE 101, 151, BStBl. II 2000, 160; bestätigt BVerfG, Beschl v 31.5.2007, 1 BvR 1316/04.
[114] a.A. Hummel, UR 2010, 207 (213).
[115] Vgl. EuGH, Urt v 16.01.2003, C-315/00; v 6.2.2003, C-185/01; v 14.7.2005, C-435/03; v 15.12.2005, C-63/04; Vgl. Heidner, UR 2006, 74 (76); *Stadie* in Rau/Dürrwächter, UStG, Einf Rn. 573, 711, 719.
[116] s.o. Punkt C.IV.3; EuGH, 16.07.2015, C-108/14 und C-109/14.
[117] EuGH, Urt v 12.9.2000, C-358/97, Rz. 54; v 4.10.2001, C-326/99; BFH, Urt v 11.11.2004, V R 30/04, BFHE 207, 560, BStBl. II 2005, 802; Urt v 24.2.2005, V R 45/02, BFHE 210, 146, BStBl. II 2007, 61; Urt v 27.9.2007, V R 73/05, BFH/NV 2008, 252; Urt v 24.1.2008, V R 12/05, BFHE 221, 310, BStBl. II 2009, 60.

durch Selbstorganschaft, Einstimmigkeitsprinzip und somit das personale Element geprägt sind[118], eignen sich von ihrem Typus her nicht für eine Beherrschung in Form der in § 2 Abs. 2 Nr. 2 UStG geforderten finanziellen und organisatorischen Eingliederung. Es liegt kein vergleichbarer Sachverhalt zu einer Kapitalgesellschaft, die durch Fremdorganschaft, Mehrheitsprinzip und Kapital geprägt ist, vor, sodass sich auf Grundlage des nicht erfüllten wirtschaftlichen Vorgangs „Beherrschung durch Eingliederung" eine Ungleichbehandlung rechtfertigen lässt. Anders sieht dies bei einer atypisch gestalteten Personengesellschaft aus. Lassen gesellschaftsvertragliche Gestaltungen eine Personengesellschaft vom gesetzlichen Leitbild so abweichen, dass diese kapitalistisch strukturiert ist, ist eine Beherrschung durch Eingliederung und folglich ein vergleichbarer Sachverhalt möglich. So bestehen keine wesentlichen Unterschiede, wenn ein Unternehmen an einer Personengesellschaft derart beteiligt ist, dass die Durchsetzung des Willens in dieser Gesellschaft gegeben ist. Beherrschungsverhältnisse in Form der rechtlichen und faktischen Beherrschung können unabhängig der Rechtsform der Organschaft bestehen.[119]   In Betracht kommen hier insbesondere die GmbH & Co. KG sowie andere Personengesellschaften mit ausschließlich Kapitalgesellschaften als haftende Gesellschafter und die Ein-Mann-GmbH & Co. KG.[120] Diese differenzierende Auffassung gewährleistet sowohl die Eigenständigkeit und Autonomie des Umsatzsteuerrechts als auch eine verfassungskonforme sowie richtlinienkonforme Auslegung die kein Platz für eine nationale Auslegung contra legem bietet.

2. Ungleichbehandlung im Rahmen der Gestaltungsmöglichkeiten

Die beschränkte Anwendung kann materiell-rechtlich zu einer unterschiedlichen Besteuerung zwischen juristischen Personen und Personengesellschaften führen. Die Organschaft kann als Steuergestaltungsinstrument genutzt werden, in Form von Gestaltungsstrukturen[121], die durch Ausnutzung der umsatzsteuerlichen Organschaft im Bereich des Vorsteuerabzugs oder auch der Unternehmereigenschaft Vorteile zu erlangen versuchen und somit die umsatzsteuerliche Situation eines Unternehmens optimieren können.

Personalintensive Leistungen werden häufig u.a. aus Gründen der Kostenoptimierung und organisatorischen Aspekten nicht unternehmensintern erledigt, sondern auf Drittunternehmen übertragen. Die umsatzsteuerliche Organschaft kann bei solchen Outsourcing-Maßnahmen

---

[118] vgl. *Sprau* in Palandt, Vorb v § 709, Rn. 3a ff.
[119] So auch Hartmann, SteuerStud 2011, 393 (394).
[120] Behrens/Schmitt, GmbHR 2003, 269 (272f.); Forster, UStB 2003, 115; Widmann, DK 2003, 331.
[121] Leonard, DStR 2010, 721; Slapio, DStR 2000, 999; Widmann, DK 2003, 331.

insbesondere für Unternehmen mit steuerfreien Ausgangsumsätzen zu erheblichen Steuervorteilen führen. Sind die beteiligten Unternehmer zum Vorsteuerabzug berechtigt, führt die Organschaft innerhalb der Allphasen-Netto-Umsatzsteuer grundsätzlich zu keinen konkreten Vor- und Nachteilen.

Anders sieht dies jedoch beim Ausschluss des Vorsteuerabzugs aus. Krankenhäuser, Altenheime aber auch Banken, Bausparkassen und Versicherungen können bei Leistungen eines Drittunternehmers, beispielsweise ein Reinigungsunternehmen, von diesem in Rechnung gestellte Umsatzsteuerbeträge gem. § 15 Abs. 2 Nr. 1 UStG nicht als Vorsteuer abziehen.[122] Gründen der steuerbefreite Leistungsempfänger U1 und der Dienstleister U2 nun ein organschaftlich verbundenes, einheitliches Unternehmen und erbringt nun die GmbH die Leistungen an das steuerbefreite Unternehmen U1 kann der steuerliche Nachteil umgangen werden. Die Leistungen der GmbH gegenüber dem U1, sog. Insourcing-Maßnahmen, sind nun nicht steuerbare Innenumsätze. U1 bleibt zwar nach wie vor nicht zum Vorsteuerabzug berechtigt, jedoch bezieht sich dies im Rahmen der GmbH nur auf Eingangsleistungen, wie Materialeinkauf. Der personalintensive Hauptanteil der Leistung bleibt von der Umsatzbesteuerung verschont. Diese Gestaltungsmöglichkeit der umsatzsteuerlichen Organschaft kann in vollkommen legaler Weise zur Steuervermeidung planerisch eingesetzt werden.[123]

Auch bei Vermögensübertragungen kann die umsatzsteuerliche Organschaft in bestimmten Fällen bei einem Asset-Deal Vorteile bringen.[124] In vielen Fällen ist ein Asset-Deal als Geschäftsveräußerung im Ganzen i.S.d. § 1 Abs. 1a UStG erst gar nicht steuerbar. In der Praxis kommt es jedoch durchaus vor, dass wesentliche Betriebsgrundlagen zurückbehalten werden und somit kein Gesamtunternehmen oder zumindest Teilbetrieb veräußert wird. Hierbei ist eine Mehrheit von Lieferungen und sonstigen Leistungen anzunehmen, die zumindest zu einem großen Teil umsatzsteuerbar und –pflichtig ist. Sind die Eingliederungsvoraussetzungen des § 2 Abs. 2 Nr. 2 UStG vor der Vermögensübertragung erfüllt, liegt bei Begründung der Organschaft und bei Übertragung des Vermögens ein nicht steuerbarer Innenumsatz vor. Gleiches gilt auch bei Beendigung einer Organschaft, wenn die Eingliederungsvoraussetzungen bis zur Übertragung des Vermögens der Organgesellschaft

---

[122] Vgl. Krankenhäuser § 15 Abs. 2 Nr. 1 i.V.m. § 4 Nr. 14 Buchst. b UStG; Hüttemann, Gemeinnützigkeits- und Spendenrecht, Rn. 7.107.
[123] Vgl. *Hüttemann* in Herzig, Organschaft, S. 406; Hüttemann, Gemeinnützigkeits- und Spendenrecht, Rn. 7.121ff.; *Widmann* in Herzig, Organschaft, S. 338.
[124] Vgl. auch Stöcker in Müller/Stöcker, Die Organschaft, Rn. 1158.

auf den Organträger fortbestehen. Sind neben den steuerrechtlichen auch wirtschaftliche Vorteile für eine vorübergehende Organschaftsstruktur anzunehmen, dürfte diese, hinsichtlich des Missbrauchstatbestands des § 42 AO sowie des unionsrechtlichen Gestaltungsmissbrauchs[125], als Erwerbsvehikel zulässig sein.

Unter Berücksichtigung des vergleichbaren Sachverhalts führt die Anknüpfung an die Rechtsform also zu unterschiedlichen materiell-rechtlichen Wirkungen und damit zu einem Verstoß gegen das Gleichbehandlungsgebot.

Ein genereller Verdacht des Missbrauchs durch Einschaltung von Personengesellschaften kann nicht angenommen werden. Entscheidet sich ein Unternehmen aus haftungsrechtlichen Gründen für eine Personengesellschaft, um die Finanzierung zu vereinfachen und Risiken zu vermeiden, entsteht ihr aus umsatzsteuerlicher Sicht ein Nachteil, weil sie ihr Unternehmen in der „falschen" Rechtsform gegründet hat. Der Ausschluss würde in diesem Fall zu einer Diskriminierung und einer ungerechtfertigten Definitivbelastung mit Mehrwertsteuer führen. Eine Versagung des Vorsteuerabzugs dürfte daher auch nicht im Einklang mit dem Neutralitätsgebot der Mehrwertsteuer stehen.[126]

Unter Berücksichtigung der Wettbewerbs- und Rechtsformneutralität muss das Tatbestandsmerkmal der „Personen" i.S.d. Art. 11 MwStSystRL auch Personengesellschaften erfassen.[127]

3. Rechtssicherheit als Rechtfertigung

Die Organschaft birgt sowohl Vor- als auch Nachteile. Insbesondere bei Betriebsaufspaltungen bevorzugt das Finanzamt die Feststellung einer Organschaft, um sich im Rahmen des § 73 AO wegen sämtlicher Umsatzsteuerschulden an den, evtl. auch vermögendere, Organträger und dessen Gesellschafter halten zu können.[128] Auch aufgrund der Pflichtorganschaft ist das Gebot der Rechtssicherheit[129] erforderlich sowie eine erforderliche und geeignete Maßnahme zur Missbrauchsprävention.

Bei einer Personengesellschaft bestehen zum Einen aufgrund des Einstimmigkeitsprinzips als auch durch die formlose Änderung gesellschaftvertraglicher Stimmrechtsvereinbarungen

---

[125] Vgl. EuGH, 21.02.2006, C-255/02, EuGHE 2006, I-1609; Vergleich Unionsrecht und § 42 AO Lange, DB 2006, 519 (521f.); Stadie in Rau/Dürrwächter, UStG, Einf. Rn. 613ff.; Widmann, DStR 2006, 736 (738).
[126] Vgl. EuGH, Urt v 16.7.2015, C-108/14 und C-109/14; vgl Hüttemann, Gemeinnützigkeits- und Spendenrecht, Rn. 7.122; Jorewitz, IStR 2015, 721 (723f.).
[127] Birkenfeld, UR 2014, 120 (124)(126); Hartmann, SteuerStud 2011, 393 (395); Hüttemann in Schön/Osterlohe-Konrad, S. 144; a.A.: Gehring, UR 2015, 419.
[128] Aufstellung Vor-/Nachteile vgl Stöcker in Müller/Stöcker, Die Organschaft, Rn. 1158 ff., Rn. 1178.
[129] vgl. auch Lange, DB 2006, 519.

25

Nachweisschwierigkeiten. Dies kann auch mangels Wahlrecht und dem Eintritt der organschaftlichen Rechtsfolgen ipso iure missbräuchliche Praktiken ermöglichen, sodass durch entsprechende Gestaltung und Änderung gesellschaftsvertraglicher Stimmrechtsvereinbarungen Vorteile genutzt und Nachteile umgangen werden können. Ein Ausschluss von Personengesellschaften, auch aus unionsrechtlicher Sicht, ist daher aus Gründen der Rechtssicherheit gerechtfertigt.[130] Ist hingegen eine Personengesellschaft von ihrer Struktur kapitalistisch ausgeprägt und lässt sich dadurch der Steuerschuldner einfach und rechtssicher bestimmen, ist ein Ausschluss vor dem Hintergrund des Gleichbehandlungsgrundsatzes, sowohl auf nationaler als auch unionsrechtlicher Ebene, nicht gerechtfertigt.

4. Teleologische Extension des V. Senats

Die neue Rechtsprechung des V. Senats legt den Begriff der juristischen Person im zivil- und gesellschaftsrechtlichen Verständnis anhand einer teleologischen Extension im Rahmen des Präzisierungsvorbehalts aus. Im Ergebnis führt diese Auslegung zutreffend in Sonderfällen zu einer Zulässigkeit einer Organschaft mit einer Tochterpersonengesellschaft. Der XI. Senat bestätigt in seiner neuen Rechtsprechung im Ergebnis den V. Senat, jedoch durch eine richtlinienkonforme, vom zivilrechtlichen Terminologie abweichende, Auslegung des Begriffs der juristischen Person. Zwar ist die Argumentation des XI. Senats überzeugender, im Ergebnis sind die teleologische Extension als auch die differenzierende, vom Zivilrecht losgelöste Auffassung gleich und richtlinienkonform.

D. Voraussetzungen – Einarbeitung der Entscheidung in den Meinungsstand und Stellungnahme

Nach der Auslegung des § 2 Abs. 2 Nr. 2 UStG wird die Voraussetzung eines Über- und Unterordnungsverhältnisses zwischen Organträger und Organgesellschaft gefordert. Dieses Erfordernis ist jedoch umstritten, insbesondere mit Blick auf das Unionsrecht und die neuere Rechtsprechung des EuGH.[131]

Ein Wegfall und damit nur eine enge Verbundenheit zwischen beiden könnte erhebliche praktische Auswirkungen haben. So wäre es denkbar, dass auch Schwestergesellschaften

---

[130] vgl oben Punkt III.
[131] EuGH, Urt. v. 16.7.2015, C-108/14 und C-109/14.

organschaftlich miteinander verbunden sind.[132] Entgegen Abschn. 2.8. Abs. 10 Satz UStAE wäre somit die Eingliederung einer AG ohne Beherrschungsvertrag vorstellbar.[133] Eine Klärung durch den BFH insbesondere aufgrund des Eintretens der Rechtsfolgen ipso iure ist daher unabdingbar.

I. BFH V R 15/14 – Organschaft und Eingliederungsvoraussetzungen

1. Sachverhalt

In der Sache V R 15/14 war streitig, ob eine A-GmbH als Organgesellschaft nichtsteuerbare Leistungen an eine B-GmbH & Co. KG als Organträgerin erbringen kann. Die B-GmbH & Co KG betrieb ein Seniorenzentrum als Wohn- und Pflegeheim. Die A-GmbH erbrachte entgeltliche Leistungen im Bereich der Speisenversorgung an die B-GmbH & Co. KG, die Letztere in der von ihr betriebenen Altenhilfeeinrichtung verwendete.

2. Entscheidung

Der V. Senat bestätigt die Voraussetzung einer eigenen Mehrheitsbeteiligung des Organträgers an der Tochtergesellschaft sowie das im Regelfall vorzuliegende Bestehen einer personalen Verflechtung über die Geschäftsführung der Personengesellschaft und hält damit an seiner bisherigen Rechtsprechung fest. Folglich bleibt es bei dem Erfordernis einer Beherrschung des Organträgers über die Tochtergesellschaft. Zwischen Schwestergesellschaften bleibt die Organschaft damit weiterhin ausgeschlossen.

II. Der Begriff der „Eingliederung" im nationalen Umsatzsteuerrecht

Nach der Auslegung des § 2 Abs. 2 Nr. UStG durch den BFH müsste aufgrund des gesetzlichen Merkmals „eingegliedert" zwischen Organträger und Organgesellschaft ein Über- und Unterordnungsverhältnis vorliegen. Diese Voraussetzung ist in der Literatur strittig.[134]

Eine Ansicht zweifelt an der Voraussetzung eines Über- und Unterordnungsverhältnisses und spricht sich dafür aus, dass die bisherige Auslegung des § 2 Abs. 2 Nr. 2 UStG nicht der Richtlinie entspricht.[135] Derartige Beziehungen seien auch ohne Über- und Unterordnungsverhältnis denkbar. Sie würden auch institutionell abgesicherte Maßnahmen

---

[132] lehnt BFH ab: Urt v 22.4.2010, V R 9/09, BFHE 229, 433, BStBl. II 2011, 597; Urt v 1.12.2010, XI R 43/08, BFHE 232, 550, BStBl. II 2011, 600.
[133] Streit/Rust, DStR 2015, 2097 (2101).
[134] Birkenfeld, UR 2014, 120; Eggers/Korf, MwStR 2015, 710 (717); Hummel, UR 2015, 671 (680f.); Sterzinger, UR 2014, 133 (139f.); Streit/Rust, DStR 2015, 2097 (2099); Wäger, DB 2014, 915 (917f.).
[135] Birkenfeld, UR 2014, 120; Eggers/Korf, MwStR 2015, 710 (717); Erdbrügger, DStR 2013, 1573 (1576); Streit/Rust, DStR 2015, 2097 (2099).

zur Durchsetzung des eigenen Willens und zu Verhinderung einer abweichenden Willensbildung innerhalb der Tochtergesellschaft nicht zwingend voraussetzen. Vielmehr reiche es für eine enge Verbindung i.S.v. Art. 11 MwStSystRL schon aus, dass mehrere Personen arbeitsteilig ein gemeinsames wirtschaftliches Ziel verfolgen, folglich ein Gleichordnungskonzern.[136]

Eine andere Ansicht hält ein Über- und Unterordnungsverhältnis für erforderlich.[137] Die abgeleitete Unterordnung und Beherrschung sei kein über das Unionsrecht herausgehendes Tatbestandsmerkmal, sondern ergebe sich aus dem Erfordernis der finanziellen Eingliederung, welche eine Beherrschung impliziere. Art. 11 MwStSystRL verbiete ein Über- und Unterordnungsverhältnis auch nicht. Der Vereinfachungszweck fordere außerdem einen Zurechnungsadressaten.[138]

III. Entwicklung der nationalen Rechtsprechung

Eine Organschaft kann sich mit der verbundenen Verlagerung der Steuerschuld auf den Organträger finanziell belastend auswirken. Nach deutschem Recht müssen daher die Voraussetzungen der Organschaft rechtssicher bestimmbar sein.[139] Infolgedessen hat sich der BFH bei der Auslegung der Eingliederungsvoraussetzungen für das Vorliegen einer Organschaft auf das Erfordernis eines Verhältnisses der Über- und Unterordnung abgestellt.[140]

Nach ständiger Rechtsprechung zeigt sich im Rahmen der finanziellen Eingliederung ein Über- und Unterordnungsverhältnis an einer Mehrheitsbeteiligung des Organträgers an der Organgesellschaft.[141] Diese kann sich sowohl aus einer unmittelbaren als auch einer mittelbaren, aus einer über eine Tochtergesellschaft gehaltenen, Beteiligung ergeben. Nach Änderung der Rechtsprechung des BFH liegt eine mittelbare finanzielle Eingliederung nicht vor, wenn die Mehrheit der Beteiligung oder Stimmrechte an einer Gesellschaft von den

---

[136] Grünwald, MwStR 2013, 328 (332); Gleichordnungskonzern vgl. *Reiß* in Reiß/Kraeusel/Langer, UStG, § 2 Rn. 98.11.

[137] *Reiß* in Reiß/Kraeusel/Langer, UStG, § 2 Rn. 98.11; *Stadie* in Rau/Dürrwächteer, § 2 Rn. 855f.; Sterzinger, UR 2014, 133 (139f.); Wäger, DB 2014, 915 (917ff.); bezugnehmend u.a. auf BFH, Urt v 3.4.2008, V R 76/05, BFHE 221, 443, BStBl. II 2008, 905; Urt v 19.5.2005, V R 31/03, BFHE 210, 167, BStBl. II 2005, 671; sowie auf EuGH, Urt. v. 22.5.2008, C-162/07.

[138] *Stadie* in Rau/Dürrwächter, UStG, § 2 Rn. 855f; vgl. Sterzinger, UR 2014, 133 (139f.).

[139] BFH, Urt v 22.04.2010, V R 9/09, BFHE 229, 433, BStBl. II 2011, 597.

[140] u.a. BFH, Urt v 18.12.1996, XI R 25/94, BStBl. II 1997, 441; BFH, Urt v 1.12.2010, XI R 43/08, BFHE 232, 550, BStBl. II 2011, 600; Urt v 17.1.2002, V R 37/00, BFHE 197, 357, BStBl. II 2002, 373; Urt v 19.05.2005, V R 31/03, BFHE 210, 167, BStBl. II 2005, 671; Urt v 8.8.2013, V R 18/13, BFHE 242, 433.

[141] BFH, Urt v 22.11.2001, V R 50/00, BFHE 197, 319, BStBl. II 2002, 167; Urt v 19.5.2005, V R 31/03, BFHE 2010, 167, BStBl. II 2005, 671; Urt v 22.04.2010, V R 9/09, BFHE 229, 433, BStBl. II 2011, 597; Urt v 1.12.2010, XI R 43/08, BStBl. II 2011, 600; Urt v 7.7.2011, V R 53/10, BFHE 234, 548, BStBl. II 2013, 218.

Gesellschaftern der anderen Gesellschaft gehalten werden.[142] Der XI. Senat lehnt die Organschaft zwischen zwei Schwestergesellschaften auch dann ab, wenn ein Beherrschungs- und Gewinnabführungsvertrag vorliegt.[143]

Im Rahmen der organisatorischen Eingliederung stellt der BFH darauf ab, dass der Organträger die mit der finanziellen Eingliederung verbundene Möglichkeit der Beherrschung der Tochtergesellschaft innerhalb der laufenden Geschäftsführung wahrnimmt. Lediglich ein Vetorecht ist nicht ausreichend.[144]

Der XI. Senat des BFH stellt in seinen beiden EuGH-Vorlagen die Voraussetzung eines Über- und Unterordnungsverhältnisses infrage.[145]

IV. Unionsrecht und der Begriff der „engen Verbundenheit"

Im Gegensatz zu dem Über- und Unterordnungsverhältnis der deutschen Regelung, bei der die Steuerpflicht ausschließlich auf den Organträger aufgrund der Unselbständigkeit der Organgesellschaft verlagert wird, behandelt Art. 11 MwStSystRL verbundene Personen zusammen als einen Steuerpflichtigen.

Die in Art. 11 Abs. 1 MwStSystRL geforderten kumulativ vorliegenden objektiven Merkmale werden in Art. 2 Abs. 2 Nr. 2 UStG aufgegriffen und durch den BFH sichergestellt. Damit steht das Unionsrecht einer Eingliederungsorganschaft grundsätzlich nicht entgegen.[146] Das Tatbestandsmerkmal „eingegliedert" bewegt sich im Rahmen des möglichen Wortsinns einer unionsrechtlich geforderten ausreichenden engen Verbundenheit. Fraglich ist jedoch die Auslegung des UStG durch den BFH nach der das gesetzliche Merkmal „eingegliedert" ein Über- und Unterordnungsverhältnisses zwischen Organträger und Organgesellschaft fordert.[147]

1. Europäische Kommission

Die Europäische Kommission hat sich in ihrer Mitteilung an das Europäische Parlament und den Rat zur Definition der finanziellen, wirtschaftlichen und organisatorischen Beziehung geäußert.[148]

---

[142] BFH, V R 9/09, BStBl II 2011, 597; V R 62/09, BFH/NV 2011, 79; V R 24/09, BFH/NV 2011, 76; V R 45/10, BFH/NV 2012, 1184.
[143] BFH, XI R 43/08, BStBl II 2011, 600; UStAE 2.8 Abs. 5 Satz 9.
[144] BFH, Urt. v. 8.8.2013, V R 18/13, BFHE 242, 433.
[145] BFH, EuGH-Vorlage v. 11.12.2013, XI R 17/11, BFHE 244, 79, BStBl. II 2014, 417, Rn. 59, 66, 73; BFH, Urt. v. 19.1.2016, XI R 38/12, Rn. 64, 71, 78.
[146] Boor, Gruppenbesteuerung, S. 114.
[147] BFH, 11.12.2013, XI R 17/11, BStBl. II 2014, 417.
[148] EG-Kommission, Mitteilung an das Europäische Parlament vom 2.7.2009, KOM (2009) 325 endgültig, UR 2009, 632 (636).

Eine finanzielle Beziehung bestehe, wenn ein Unternehmen das andere tatsächlich kontrolliert, indem die Beteiligung oder Stimmrechte mehr als 50% betragen oder sie durch einen Franchisevertrag verbunden sind. Die wirtschaftliche Beziehung sei gegeben, soweit die Gruppenmitglieder die gleiche Haupttätigkeit ausüben, sich die Tätigkeiten der Gruppenmitglieder ergänzen oder voneinander abhängen oder wenn ein Mitglied der Gruppe Tätigkeiten ausübe, die in vollem oder wesentlichem Umfang den übrigen Mitgliedern zugutekommen. Bei gemeinsamen oder teilweise gemeinsamen Managementstrukturen liege eine organisatorische Beziehung vor.

2. Rechtsprechung des EuGH

Der EuGH nimmt Bezug auf den Wortlaut der Richtlinie, der eine enge Verbundenheit fordert. In Ermangelung weiterer Anforderungen, lasse sich annehmen, dass der Unionsgesetzgeber nicht lediglich ein Über- und Unterordnungsverhältnis im Sinn hatte. Zwar lasse ein solches eine enge Verbindung grundsätzlich vermuten, um eine notwendige Voraussetzung handele es sich allerdings nicht. Ausnahmen ergeben sich insoweit nur aufgrund der Feststellung des nationalen Gerichts, einer erforderlichen und geeigneten Maßnahme der Missbrauchsprävention.[149]

Der EuGH geht auch hier davon aus, dass Art. 11 MwStSystRL keine unmittelbare Wirkung hat.[150]

V. Das Über- und Unterordnungsverhältnis des BFH

Der XI. Senat hat in seinen Vorabentscheidungsersuchen an den EuGH am 11.12.2013 im Rahmen der Fragen zur Auslegung des Art. 11 MwStSystRL auch das Erfordernis eines Über- und Unterordnungsverhältnisses problematisiert.[151]

1. V. Senat des BFH

Nachdem sich der EuGH[152] bzgl. des nationalen Erfordernisses eines Über- und Unterordnungsverhältnisses für eine nicht notwendige Voraussetzung geäußert hat, hat sich der V. Senat in seiner Entscheidung vom 02.12.2015 für ein Festhalten an dieser ausgesprochen und damit seine bisherige Rechtsprechung bestätigt.[153]

---

[149] EuGH, Urt v 16.07.2015, C-108 und C-109, Rn. 44, 45; Streit/Rust in DStR 2015, 2097 (2098).
[150] EuGH, 16.07.2015, C-108/14 und C-109/14, Rn. 52.
[151] BFH, EuGH-Vorlage v 11.12.2013, XI R 17/11, BFHE 244, 79, BStBl. II 2014, 417; BFH, Beschl v 11.12.2013, XI R 38/12, BFHE 244, 94, BStBl. II 2014, 428; Grünwald MwStR 2014, 227; Widmann, DStR-Beih 2014, 109 (111).
[152] EuGH, 16.07.2015, C-108/14 und C-109/14 Rn. 44, 45.
[153] BFH, 02.12.2015, V R 15/14.

Die Voraussetzung einer eigenen Mehrheitsbeteiligung des Organträgers an der Tochtergesellschaft sowie das im Regelfall vorzuliegende Bestehen einer personalen Verflechtung über die Geschäftsführung der Personengesellschaft sei aus Gründen der Rechtssicherheit vonnöten. Die finanzielle Eingliederung liege sowohl bei einer unmittelbaren Beteiligung als auch einer mittelbaren – über eine Tochtergesellschaft gehaltene – Beteiligung vor. Hingegen lässt sich bei einer Beteiligung mehrerer Gesellschaften an zwei Schwestergesellschaften nicht rechtssicher bestimmen, unter welchen Voraussetzungen der Beteiligungsbesitz der jeweiligen Gesellschafter zusammengerechnet werden kann, um eine finanzielle Eingliederung der einen in die andere Schwestergesellschaft zu begründen. Der V. Senat lehnt eine Erweiterung der Organschaft auf lediglich eng miteinander verbundene Personen aus Gründen des Unionsrechts ausdrücklich ab. Eine Organschaft zwischen Schwestergesellschaften bleibt damit weiterhin ausgeschlossen. An der Rechtsprechung zur rechtssicheren und einfachen Bestimmbarkeit des Vorliegens der Voraussetzungen einer umsatzsteuerlichen Organschaft hält der V. Senat damit fest.

Bzgl. der organisatorischen Eingliederung stellt der V. Senat weiterhin auf die personelle Verflechtung der Geschäftsführung der Organgesellschaft mit dem Organträger ab. Nicht ausreichend sind Weisungsrechte, Berichtspflichten oder Zustimmungsvorbehalte zugunsten des Mehrheitsgesellschafters oder der Gesellschafterversammlung.

2. XI. Senat des BFH

Der XI. Senat hat nach seinem Vorabentscheidungsersuchen[154] an den EuGH und Entscheidung dessen, aus Gründen des gegenwärtigen Verfahrensstadiums, keine Entscheidung getroffen, ob er der Ansicht des V. Senats folgt.[155]

VI. Stellungnahme

Die Regelungen des nationalen Rechts und des Unionsrechts weichen im Wortlaut voneinander ab. Eine übereinstimmende Auslegung könnte dahingehend erfolgen, dass die gegenseitigen Beziehungen gem. Art. 11 MwStSystRL auch im Sinne einer Unterordnung zu verstehen sind. Der EuGH hat jedoch in seiner Vorabentscheidung ein Über- und Unterordnungsverhältnis als eine nicht notwendige Voraussetzung festgestellt und gestattet eine solche restriktivere Auslegung lediglich im Rahmen der Missbrauchsprävention.[156]

---

[154] BFH, Beschl v 11.12.2013, XI R 38/12, BFHE 244, 94, BStBl. II 2014, 428.
[155] BFH, Urt v 19.01.2016, XI R 38/12, Rn. 100, 104.
[156] EuGH, Urt v 16.07.2015, C-108/14 und C-109/14, Rn. 45, 46.

Aus Sicht der Vereinfachungsmaßnahme als Zweck der Organschaft und dem daraus folgenden Maßstab der Auslegung ist eine Unterordnung von Bedeutung. Ist der Anwendungsbereich der Vereinfachungsmaßnahme nicht einfach bestimmbar, kann der angestrebte Effekt der Vereinfachung nicht eintreten.[157] So bedarf es keines besonderen Feststellungsverfahrens oder zusätzlicher Regelungen, welcher der Gruppenmitglieder im Verfahrensrecht primär zur Deklarations- und Zahlungspflicht gegenüber dem Fiskus zu bestimmen ist.[158] Innerhalb eines Über- und Unterordnungsverhältnisses ist dies automatisch durch den übergeordneten Organträger zu erfüllen, zu dessen Unternehmen umsatzsteuerrechtlich auch die Unternehmensbereiche der Organgesellschaften zuzurechnen sind. Eine dadurch erforderlich werdende Haftungsregelung beinhaltet § 73 AO für Organschaften.[159] Nur so lässt sich der zahlungspflichtige bzw. haftende Organträger einfach und rechtssicher bestimmen sowie die Verpflichtung dessen zur vollständigen Erfassung und Anmeldung aller (Außen-)Umsätze der Organgesellschaft rechtssicher gewährleisten.

Eine Organschaft zwischen Schwestergesellschaften ist abzulehnen und zwar auch dann, wenn ein Beherrschungs- und Gewinnabführungsvertrag vorliegt. Diese Verträge haben auf die für die finanzielle Eingliederung entscheidenden Beteiligungsverhältnisse keinen Einfluss. Sie begründen allenfalls die organisatorische Eingliederung.[160]

Der auf dem Grundsatz der Belastungsneutralität basierende zivilrechtlich erforderliche Ausgleich im Innenverhältnis macht eine Überordnung des Organträgers zur Rechtssicherheit ebenfalls notwendig. Dieser aus § 73 AO und §§ 421, 426 BGB abgeleitete Rückgriffsanspruch des Organträgers gegenüber der Organgesellschaft[161] verhindert erhebliche Vermögensverschiebungen zwischen den am Organkreis beteiligten Rechtsträgern. So ist z.B. die Organgesellschaft, die die USt vereinnahmt hat, gegenüber dem Organträger als Steuerschuldner für die zivilrechtlich von der Organgesellschaft erbrachte Leistung ausgleichspflichtig.[162] Dies richtet sich nach der wirtschaftlichen Verursachung des Steueranspruchs.[163] Erfolgt kein Ausgleich, dürften im Regelfall verdeckte Gewinnausschüttungen bzw. verdeckte Einlagen vorliegen, sodass in einem Extremfall eine

---

[157] Vgl. Wäger, DB 2014, 915 (919); *Stadie* in Rau/Dürrwächter, UStG, § 2 Rn. 858.
[158] Zurechnung/Verfahrensrecht vgl. *Stadie* in Rau/Dürrwächter, UStG, § 2 Rn. 951, 986ff.
[159] *Reiß* in Reiß/Kraeusel/Langer, UStG, § 2 Rn. 98.13, 98.14.
[160] *Korn* in Bunjes/Geist, UStG, § 2 Rz. 119; ausführlich Eberhard/Mai, UR 2010, 881 (889f.).
[161] BGH, Urt. v. 29.1.2013, II Z R 91/11; vgl BFH, Urt v 23.9.2009, VII R 43/08, BFHE 226, 391, BStBl. II 2010, 215; v 14.3.2012, XI R 28/09, Rz. 37ff; Wäger, DB 2014, 915 (918); Walter/Stümper, GmbHR 2006, 68 (72ff.).
[162] Vgl. auch BFH, Beschl. v. 19.3.2014, V B 14/14, BFHE 244, 156.
[163] Wäger, DB 2014, 915 (918f.).

Schadensersatzpflicht oder die Verwirklichung des strafrechtlichen Untreuetatbestands vorliegen könnte.[164]

Die Verlagerung der Steuerschuld erfordert eine rechtssichere Beurteilung. Das Abstellen auf ein Über- und Unterordnungsverhältnis auch hinsichtlich des maßgeblichen Vereinfachungszwecks ermöglicht dies. Unsicherheiten in der Zurechnung bzw. durch falsche Zurechnung könnten eine Steuergefährdung gem. § 379 AO, oder ähnliche missbräuchliche Praktiken sowie Verhaltensweisen und Zinsrisiken mit sich ziehen. Vor diesem Hintergrund ist das nationale Über- und Unterordnungsverhältnis mit dem Unionsrecht bzw. der EuGH-Rechtsprechung kompatibel. Der V. Senat hat damit zu Recht ein Über- und Unterordnungsverhältnis bestätigt.

F. Fazit und Ausblick

Der Auffassung der nationalen Rechtsprechung und Teilen der Literatur, dass die bisherige Auslegung des § 2 Abs. 2 Nr. 2 UStG unionsrechtskonform ist und dass durch Art. 11 MwStSystRL ein Spielraum in Bezug auf das Nicht-Ausschöpfen dieser Wahlvorschrift eingeräumt wird, hat der EuGH einen Riegel vorgeschoben. Restriktive Auslegungen durch die Mitgliedstaaten dürfen lediglich zur Missbrauchsvermeidung erfolgen.

Aus diesen Gründen hat sich der V. Senat des BFH im Ergebnis zutreffend für kapitalstrukturierte Tochterpersonengesellschaften sowie ein Über- und Unterordnungsverhältnis geäußert. Der XI. Senat hat das Urteil des V. Senats in Bezug auf kapitalstrukturierte Tochterpersonengesellschaften im Ergebnis bestätigt. Dies ist ein erster Schritt zu einer Festigung dieser Rechtsprechungsänderung. Eine Neuregelung des § 2 Abs. 2 Nr. 2 UStG ist somit durch die Auslegung des Begriffs der juristischen Person nicht vonnöten. Von Seiten der Verwaltung könnten zumindest Änderungen in Abschn. 2.8 Abs. 2 und Abs. 5 UStAE erfolgen.

In der Praxis hat die geänderte Rechtsprechung Wirkung für alle diesbezüglich noch offenen Steuerfälle. So könnten Rückzahlungsansprüche von zu Unrecht abgeführter Umsatzsteuer einer doch existierenden Organschaft folgen. Aber auch die Verwaltung könnte dies auch gegen den Willen der Betroffenen nutzen, wie z.B. in Haftungsfällen.

---

[164] *Rüth* in Holding und Beteiligung, § 3 Rn. 72.

Eine Entscheidung zum Erfordernis eines Über- und Unterordnungsverhältnisses hat der XI. Senat offen gelassen. Als Vorabentscheidungsersuchender Senat beim EuGH, sowie die Zitierung der Ausführungen des Generalanwalts in der Entscheidung lassen vermuten, dass der XI. Senat daran zumindest Zweifel hat. Das Urteil bleibt abzuwarten. Folglich bleibt auch abzuwarten, ob für die Organschaft nicht doch ein Antragsrecht und Feststellungsverfahren eingeführt wird[165], um unerkannten Organschaften und damit z.b. auch möglichen Haftungsthemen entgegenzuwirken.

Im Gesamten lässt sich schließen, dass der BFH das Kapitel der Organschaft weder komplett neu schaffen noch gar aufheben möchte.

Lara Marianne Görg

---

[165] so der Hinweis der Bundessteuerberaterkammer vgl. Bethke, DStR 2014, 680 (681).